협상이 별거냐

너는 나는
흥정 협상
해라 한다

'딱' 세 번만 읽어 보자.

처음에는 대략적인 내용을
숙지하는 것을 목표로 '대충' 읽고,
두 번째는 '정확히' 읽어 문장의 의미를 곱씹어 보고,
마지막 세 번째는 본인의 생각을 더하여
'비판하며' 읽어 보자.

협상에 자신감이 생기며, 협상 테이블에 앉고 싶어
몸이 근질거리는 자신을 발견하게 될지도 모른다.

추천의 글 1	008
추천의 글 2	009
프롤로그	020

1장

언택트 세상에서도 꼭 알아야 하는 협상

1. 협상의 특징 030
(1) 세상의 모든 커뮤니케이션은 협상이다 030
(2) 협상은 비즈니스의 기본이며, 두가지 목표가 있다 031
(3) 협상은 흥정(High-Low Game)이 아니다 033
(4) 연애 잘하는 사람이 협상도 잘한다 036
(5) 우리나라는 협상에 대한 교육/인식이 부족하다 038

2. 협상의 접근법과 비즈니스 협상 039
(1) 협상의 접근법 039
(2) 비즈니스 협상 041

2장

비즈니스 협상을 위한 8가지 기본 법칙

1. 요구(Position) 뒤에 숨겨진, 욕구(Interest)를 찾아라 052
2. 양쪽을 만족시키는 창조적 대안(Creative Alternative)을 개발하라 055
3. 상대방의 숨겨진 욕구(Hidden Interest)를 자극하라 060
4. 숫자를 말하기 전에 객관적 기준(Standard)을 미리 정하라 064
5. 논리적 근거를 협상에 활용하라 065
6. 당신과 상대방의 배트나(Best Alternative To a Negotiated Agreement)를 068
   준비하고 분석하라
7. 윈-윈(Win-Win)을 추구하며, 질문하고, 인간관계를 맺어라 072
8. NPT(Negotiation Preparation Table)를 만들어라 076

3장

설득(Persuasion)이란 무엇인가

1. 협상 천재의 요건   085

2. 설득의 기술   089
(1) 아리스토텔레스의 설득   089
(2) 로버트 치알디니(Robert Cialdini)의 설득   091

4장

스트롱 네고시에이터(Strong Negotiator) – 협상 심화

1. 협상 준비   109
(1) 준비하고, 연습하고, 배우고, 루틴을 만들자(습관)   110
(2) 협상의 5대 기본 요소를 잊지 말자   113
(3) 진지함을 덜어내자   133
(4) 내 것의 '가치'를 정확하게 인식시키자   134
(5) 네트워크(Network)를 만들자(인맥 관리)   136

2. 상대방 관점   139
(1) 협상스타일(Negotiating Style) 자가진단   139
(2) 상대방의 협상스타일을 파악하자   153

(3) 상대방을 이해하고, 분석하자   156

(4) 상대방의 감정을 고려하자   160

(5) 기쁨을 감추자   161

3. 창조적 대안과 배트나(심화)   162

(1) 양쪽을 만족시키는 '창조적 대안' 만드는 법   162

(2) 배트나(BATNA)를 활용하자   168

4. 협상 팁(Tip)   176

(1) 양보할 것과 양보할 수 없는 것을 미리 정해두자   176

(2) 니블링(Nibbling)을 활용하자   177

(3) 플린칭(Flinching)을 활용하자   180

(4) 살라미(Salami) 전술을 이용하자   182

(5) 과장하고, 부풀리고, 거짓말하는 행위에 단호하게 반응하자   184

(6) 귓속말을 하지 말자 / 스마트폰 쳐다보지 말자   186

(7) 가끔은 '조금' 더 많은 정보를 제공하자   187

(8) 나쁜 소식은 한꺼번에 전달하자   187

(9) 급하다는 인상을 주지 말자   188

(10) '기한'을 설정하고 협상하자   189

(11) 쉬운 이슈부터 협상하자   189

5장

상황 별 협상

1. '갑'과 '을'의 협상   197

(1) '갑'과 '을'의 협상   198

(2) 어려운 상대와의 협상   200

(3) 아이-메시지(I-Message)를 활용하자   206

(4) 궁지에 몰렸을 때 대처 법   210

(5) 재협상   212

2. 이메일 협상   216

3. 숫자협상(가격, 물량 등)   222

(1) 가격 제시는 누가 먼저 하는가?(Anchoring Effect)   223

(2) 첫 가격 제시는 강하게?(Aim High)   225

(3) 가격결정 노하우   227

4. 연봉협상   229

5. 여성으로서의 협상   233

(1) 협상의 관점에서 보는 여성의 특징   233

(2) 왜 여성은 협상 시도를 하지 않는가?   236

(3) 여성이 협상을 잘하기 위해서는 조직이 도와야 한다   240

(4) 여성 협상가가 되자   241

| 에필로그 | 244

이 책은 코로나19의 터널을 빠져 나오는 모든 사람들이 반드시 숙지해야할 내용을 담고 있다. 또한 시의적으로 아주 적절하고 필수적인 메시지를 전달하고 있을 뿐만 아니라, 쉽고 재미있어서 누구나 편하게 읽을 수 있다. 사실 협상은 아무나 할 수 있는 것은 아니지만 모든 관계는 협상을 통해 원만하게 이루어질 수 있기에, 우리는 늘 협상을 잘 해야만 행복한 삶을 살 수 있다.

그동안 우리 사회는 치열한 경쟁과 갈등 속에서 살아왔다. 경제 수준은 G7까지 왔는데, 국민들의 행복도는 OECD회원국에서 거의 꼴찌이다. 이제는 우리도 선진국의 위상에 맞는 품격 있는 포용국가를 만들어야 한다. 이를 위해 국가의 정책이 체계적으로 수립되어야 하지만, 개인들도 품격 있는 생활태도가 필요하다. 경쟁에서 협력과 포용으로 가기 위해서는 갈등이 아니라 협상과 협력이 필요함을 이 책은 알려주고 있다.

이 책이 더욱 가치 있는 것은 대부분의 내용들이 저자인 배 헌 대표의 실제 경험을 통해 체득한 것들이라는 사실이다. 옆에서 지켜본 배 헌 대표는 우선 인성이 훌륭하다. 약자를 포용하는 따뜻한 마음의 소유자이다. 그러면서도 냉철한 두뇌로 상황 분석력이 뛰어나다. 일에 대한 열정도 남다르다. 그러기에 협상을 잘 할 수 있었고, 이제는 협상의 전도사가 되어 협상기법을 많은 사람들에게 전수해주고 싶은 마음일 것이다. 이 책을 읽은 독자들이 훌륭한 협상가가 되어 인간관계가 원만해지고, 조직 내 소통을 이루고, 사업도 번창하기를 기대해 본다.

정무성(숭실사이버대학교 총장, 前 한국비영리학회 회장)

<너는 흥정해라 나는 협상한다> 제목부터 당차다. 세르반테스의 소설 속 로시난테를 타고 풍차를 향해 돌진하는 '돈키호테'스럽다. 제목만 본 첫 느낌은 분명 그랬다. 이런 당참은 도대체 어디서 나온 걸까?

20년 동안 보험업에 종사하며 나름 협상의 달인은 아니어도 수많은 사람들을 만나며 성공적인 협상을 해왔다고 자부한다. 그런 경험으로 인해 저자의 '자신감 진위'를 꼭 확인하고 싶었다.

책을 읽고 난 후 느낌. 이 책은 전혀 '돈키호테'스럽지 않다. 돈키호테의 무모함과 비현실성에 반해 이 책은 철저히 검증된 그리고 저자의 풍부한 경험으로 채득한 'How to'를 이야기하기에 논리적이고 현실적이다. 이 책은 분명 비즈니스 뿐만 아니라 일상 속 사람들과의 관계에도 큰 시사점을 주는 책이다.

그럼에도 불구하고, 이 책의 저자 배 헌 대표는 '돈키호테'가 맞다. 1996년 기아자동차 입사 동기였던 그는 어느 날 영어공부를 해야겠다며 회사를 때려치고 캐나다로 떠났다. 당시에는 그의 행동이 무모하다고 생각했으나, 결국 그 행동이 무역회사를 비롯한 8개의 회사를 창업할 수 있는 원동력이 되었다.

이번에도 풍차가 아닌 독자들 마음속으로 저돌적으로 돌진하는 새로운 '돈키호테'가 되리라 본다.

정만규(푸르덴셜생명 Executive LP)

외국인들과 일을 함께 한다는 것은 재미있는 경험인 동시에 스트레스의 주범이기도 하다. 우리와는 다른 문화를 가진 그들이기에 사소한 일로 충돌이 발생하는 것은 물론이요, 그들과 업무관련 협상을 할 때 마다 '왜 우리나라 사람들은 그들처럼 협상에 임하지 못할까'하는 생각을 많이 했었다. 그런 연유로 협상과 관련된 서적이 나올 때마다 구매해서 읽었었다. 하지만, 대부분 우리 실정에 맞지 않는 번역서이거나, 실제로 적용할 수 없는 이론서 혹은 내용은 없고 쭉정이만 있는 강연용 서적이라 대부분 실망했었다.

본인은 저자와 30년지기 친구다. 그가 20대 중반부터 해외를 누비는 것을 직접 봤고, 8번 창업을 해서 7번 성공할 때마다 박수치며 응원했었다. 그는 실전 협상에 천부적이다. 그렇다고, 협상 이론은 모르느냐. 아니다. 외국 대학원에서 협상론을 공부했고, 숭실대 경영대학원에서 협상론을 강의했다. 협상 경험과 이론이 균형을 이루는 그의 책 '너는 흥정해라, 나는 협상한다'가 많은 사람들에게 읽혀져, 그의 말처럼 평범한 대한민국 국민들의 실질적 협상력이 강화되기를 기대해본다.

김민형(미국대사관)

세무사로 19년째 활동 중이다. 죽음과 세금은 누구나 피하고 싶어하지만 피할 수 없는 것이고, 죽음과의 전선에 '의사'가 있다면, 세금과의 전선에는 '세무사'가 있다. 세금은 여러분이 생각하는 것 보다 엄격하고, 무섭고, 문제가 되면 큰 피해를 준다. 이를 미연에 방지하기 위해, 세무사는 납세자를 설득해야 하고, 세무서에 납세자의 특수성을 설명해야 한다. 항상 최악의 상황을 가정하고 처리해야 하며, 이 모두가 협상이다.

1장부터 3장까지 2번쯤 읽어본 후 NPT 작성에 익숙해지면, 4장을 3번 읽어 협상준비부터 실제 협상에서 사용할 수 있는 협상팁까지 본인 것으로 만들어 보자. 그 후, 책의 중간 중간을 반복해서 체크하면서 5장을 마무리하자. 그러면, 어느새 협상에 자신이 생기는 당신을 발견하게 될 것이다.

저자는 지난 20여년 동안 종합상사 상사맨으로서 뿐만 아니라, 현재 회사의 CEO로서 수많은 국가의 파트너들과 협상하면서 '득도'한 협상의 대가이다. 책상머리에서 협상을 공부한 학자가 아니라, '찐 협상가'라는 것이다.

장욱진(봉정세무회계 세무사)

우리는 일상에서 매일 협상을 한다. 아주 작은 협상부터 아주 큰 공식적인 석상의 협상까지, 그 형태는 다양하다. 그리고 중요한 것은, 하루하루 그 협상의 결과가 쌓여서, 오늘의 나의 위치와 위상이 만들어 진다는 것이다. 그 만큼 협상은 필요하고, 중요하고, 나의 성공과 직결되는 문제이지만, 우리가 막상 협상에 관심을 갖고 배워보려고 하면 지극히 이론적인 책 밖에 없었다. 이론적인 협상은 마치 자전거 타는 방법을 '말'로 배우려는 것과 같다. 이런 의미에서 '너는 흥정해라, 나는 협상한다'는 쉽고, 재미있으며, 진지한 책으로 단숨에 독자들을 협상의 중심에 설수 있게 하는 힘을 가진 '가뭄에 단비'처럼 가치 있는 도서이다.

저자는 엄청나게 화려하고 긴 이력을 가지고 있음에도 불구하고, 강연하기 위해 책 쓰는 사람이 아니다. 이론으로만 설명하는 학자는 더더욱 아니다. 그는 상사맨 출신으로 지난 20여년 동안 19개국의 유수한 글로벌 회사와 진짜 협상을 했고, 지금도 하고 있는 협상의 대가다. TV 프로그램 '생활에 달인'에 협상가 편이 만들어진다면 저자가 왕중왕 달인이 되지 않을까 싶다.

이진원(메르세데스-벤츠 코리아 제품전략 기획팀 부장)

변호사 업무를 하다 보면 협상을 할 일이 정말로 많이 발생한다. 의뢰인과 사건을 수임하는 조건에 관하여 협상을 하고, 상대방과의 사이에 분쟁의 평화로운 해결책을 협상하며, 계약의 세부적인 조건을 조절하다 보면 '법률 전문가'로서의 능력 이전에 '협상가'로서의 능력을 갖추지 않으면 안되겠다는 생각이 들기도 한다.

이 책은 상대방이 원하는 바를 정확히 알고, 나와 상대방 모두가 만족하며, 결과적으로는 상대방과 좋은 관계를 형성할 수 있게끔 만드는 협상의 기술을 '현실적'으로 제시하고 있다. 독자들이 상대방과의 '대결' 또는 단순한 '밀고 당기기'의 차원을 넘어서 모두를 위한 '한 차원 더 높은 협상'을 추구할 수 있게 만드는 힘을 가진 마술 같은 책이다.

이 책은 A4 5장이면 이야기할 수 있는 내용을 빙빙 돌려가며 길게 쓰지 않았다. 간결하고, 명확하면서도, 저자가 겪은 에피소드는 물론, 누구나 겪어보았을 법한 경험담을 바탕으로 협상의 기술을 쉽게 풀어냈다. 이 책을 보면서, 반드시 특별한 사람이 아니더라도 훌륭한 협상가이자 커뮤니케이터가 될 수 있다는 용기를 얻었다. 여러분도 이런 기회를 얻기 바란다.

이래훈(법률사무소 더엘 대표변호사)

서울에서 인구밀도가 가장 높은 지역인 영등포구와 동작구, 관악구를
거쳐 업계 1위의 유통채널들을 담당한다는 것은 그만큼 가장 변화에
민감해야 한다는 의미이며, 때로는 수치로 점포들을 코칭하기 보다는
빠른 협상을 통해 점포를 리딩해야 한다는 것을 의미한다. 순간 순간
이 점포와의 협상인 나에게는 그동안 글로 배운 협상과 강단에서 강
의를 위한 협상을 다룬 책들은 유의미하게 느껴지지 않았다.

이미 배 헌 교수님의 협상 강연을 들었으며, 전작 '협상이 별거냐'를
읽었다. '더 추가할 내용이 있을까?' 하는 마음으로 읽은 '너는 흥정
해라, 나는 협상한다'는 더욱 간결하고, 현실적이며, 흥미로웠다. 또
한, 인생의 절반 이상을 19개국 이상의 파트너와 부대끼며 협상을 해
온 배 헌 교수님의 책은 나로 하여금 많은 공감과 경탄을 느끼게 하였
다. 협상이란 항상 마음을 굳게 먹어도 감정에 휘말리며 원래의 목표
를 잃기 쉬운데, 이 책이 강조하는 기본원칙과 태도, 그리고 다양한 기
법들이, 협상이란 거친 파도에 맞설 독자들에게 든든한 이정표가 되리
라 믿는다.

안재민(GS리테일 편의점 사업부)

'영업을 한다'라고 말하면, 주변 친구들은 항상 갑 과 을의 관계를 많이 떠올린다. '고객에게 간과 쓸개를 다 빼주지 않냐' 라는 걱정 어린 시선도 많다. 그렇기 때문에 주도권을 뺏기지 않기 위해 '협상'을 배워야 한다. 내가 가진 경우의 수를 조합하여, 서로 원하는 타협점을 찾을 수 있으면 금상첨화일 것이다.

본인은 한미약품 종병사업부 MR이다. 상대는 나보다 더 배우고, 똑똑한 의사들이다. 그들을 상대로 '지식'만으로 영업하는 것보다, 그것에 '협상'능력을 더하여 영업하는 것이 더 현명한 것임은 당연한 사실이다. 이미 배 헌 교수님의 제자로 협상 특강 뿐만 아니라 전작인 '협상이 별거냐'를 수차례 정독함으로 협상이 점점 재미있어지고 있다. 이번 책을 통해 조금 더 성장하기를 기대한다.

이 책의 저자는 독자들에게 단순히 이론들을 외우라고 강요하지 않는다. 협상에서 제일 중요한 것은 '철저한 준비'이며, 무엇을 준비해야 하는지를 당신만의 특유한 문체로 재미있지만, 진지하게 설명해주고 있다.

김준기(한미약품 종병사업부 주임)

셀러와 바이어의 니즈를 모두 충족하면서 이익까지 창출해야 하는 상사업에서 협상은 일상 그 자체다. 상사맨에게 있어 협상은 생존전략이자, 전쟁터에서 총과 같은 존재이다. 협상을 배우지 않은 사람들을 위한 자리는 우리 세계에 단연코 절대 없다.

흔히 흥정을 협상으로 착각하는 경우가 많다. 단순한 가격 후려치기가아니라, 실제 협상을 진행하면서 고려해야할 것들은 수도 없이 많다. 배 헌 교수님의 '너는 흥정해라, 나는 협상한다'를 읽는다고 해서, 단숨에 협상전문가가 될 수 있다고 생각하지는 않는다. 하지만, 흥정하는 장사꾼에서 벗어나 진정한 협상을 경험할 수 있을 것이고, 더 이상 협상이 무섭지는 않을 것이라고 확신한다.

저자는 종합상사 출신으로 20년이 넘는 시간 동안 전세계를 누비며 협상해온 베테랑 중에 베테랑이다. 그간의 노하우와 경험이 고스란히 녹아있는 이 책을 통해 협상을 두려워하는 평범한 대한민국 국민들이 협상전문가로 성장하는 지름길을 발견했으면 한다.

황재성(한화/글로벌 석유화학팀)

흔히 구매는 '갑'이라고 한다. '구매팀이다' 라고 이야기하면 '좋겠다' 라는 소리를 많이 들었다. 하지만, 고객사나 협력사에게 하나를 내주면서도 열 개를 내주는 것처럼 보이는 협상의 전략이 필요하다.

구매팀에서 일하는 사람으로서 '협상'이라는 단어는 익숙하면서도 생소하다. 협상을 잘한다는 것이 어떤 의미인지, 내가 그동안 해왔던 건 협상이 아니라 흥정이었다는 것을 배 헌 교수님의 전작 '협상이 별거냐'를 통해 알게 되었다. 협상에 대해 협력사와 고객사보다 모른다면, 그들에게 당할 수 밖에 없다. 내가 그들보다 아는 것이 없는데, 주도권을 가질 수 있다고 생각하는 그 자체가 망상이고 욕심이다. 이 책의 저자는 협상의 가장 중요한 포인트는 '준비'라고 말한다. 내가 가진 것은 무엇이고, 내줘도 될 것과 취해야 할 것은 무엇인지 철저히 분석하라고 한다. 철저한 준비가 바탕이 된 협상을 진행하다 보면 협상이란 단어에 점차 가까워질 수 있을 것이다.

책의 저자인 배 헌 교수님은 22년간 해외영업을 하면서 협상을 진행해 오고 있다. 협상을 '글'로 '인터넷'으로 배운 강사들의 이야기가 아니라, 직접 발품 팔아가며 온몸으로 체득한 저자의 협상 꿀 팁을 이 책을 통해 배워보고 꼭! 실전에 써먹어 보길 바란다.

최솔민(서브원 수도권 구매팀)

협상력이 가장 절실한 사람은 단연 '을'이 아닐까 싶다. 고객의 항공물류를 담당하는 입장에서 우리는 정시성과 신속성을 지키기 위해 매 건, 매 순간 협상을 한다. 언제 어디서 어떻게 튀어나올지 모르는 이슈들 사이에서 내 Room을 지키기 위한 협상력은 필수다.

협상은 상대방과의 커뮤니케이션을 통해서 우리 쪽의 YES 혹은 NO를 얻기 위한 전략이다. 협상 테이블은 거창한 공간이 아니며, 일상에서 언제 어디서든 앉을 수도, 나도 모르는 새에 이미 앉았을 수도 있다. 언제 어디서 어떻게 흘러갈 지 모르는 상황에 대비하고 판을 내가 주체적으로 리딩하기 위해서는 '준비'만이 살길이다.

학부시절 배 헌 교수님의 강의를 두 과목 수강했었다. 그는 어떤 강의를 하던 이론과 현실을 접목했으며, 실제 세계에서 사용하지 못하는 이론은 학문으로서만 배우라고 강조했다. 맞다, 그는 이론가도 아니고, 학자도 아니며, 그냥 진짜 협상가다. 진짜 협상가가 가진 협상의 노하우를 깔끔하고, 아낌없이 이 책에 담았다. 이 책을 읽게 될 독자들은 언제 닥칠지 모르는 협상 테이블에서 힘을 발휘하게 될 것이다.

장세은(DHL Korea 주요고객팀)

직장을 다니거나 학교를 다니면 친구들과 같이 식사를 할 기회가 많다. 만약 친구가 김치찌개가 먹고 싶다고 했을 경우, 자신이 김치찌개가 먹고 싶지 않을지라도 대부분의 경우 친구의 의견을 따르게 된다. 왜냐하면, '내 친구가 먹고 싶어 하기 때문에', 혹은 '이번에는 친구가 먹고 싶은 것을 먹었으니, 다음 번에는 자연스레 내가 먹고 싶은 것을 먹겠구나'라는 생각을 하기 때문이며, 이는 일종의 협상이다.

어머니께서 아침식사를 차려 주셨다. 식탁에 올라온 반찬들이 내가 싫어하는 반찬일지라도 일반적으로 불만을 표시하지 않는다. 만약, "엄마, 반찬이 맘에 들지 않아요" 또는, "엄마, 내가 좋아하는 반찬 좀 해 주세요" 하고 할 경우, 어머니께서 기분이 상하시거나, 앞으로 아침밥을 차려주지 않을지도 모른다고 생각하기 때문이다. 이 또한 협상이다.

어렸을 때 어머니께 "엄마 용돈 좀 올려주세요"라고 한 경험들이 많을 것이다. 그러면 어머니께서는 뭐라고 얘기를 하셨던가? 아마도 "시험 성적이 오르면 올려 줄게", "심부름을 하면 올려 줄게" 라고 답을 주셨을 것이다. 어머니께서도 사랑하는 자식들을 상대로 이렇게 협상을 한다.

아침 일찍 여자친구한테 톡이 왔다. "오빠 오늘 영화 보자" 그런데, 나는 오늘까지 중요한 과제를 제출해야 한다. 이 때 "오늘까지 과제내야 되니, 다음에 보자" 라고 말하는 것 보다, "오늘까지 과제를 제출해야 하니, 내일 영화 보자, 그럼 오빠가 저녁도 살게" 라고 얘기할 경우

여자친구가 훨씬 더 좋아할 것은 자명한 사실이다. 이 또한 협상이다.

이처럼 우리의 매 순간 순간이 협상이다. 때문에, 협상을 이해하고, 배우는 것이 중요함에도 불구하고, 한국에서는 협상에 대한 체계적인 공부나 프로그램이 거의 전무한 실정이다. 아마도, 사회전반에 걸쳐 유교문화가 뿌리 깊게 박혀 있기 때문임으로 생각된다. 어렸을 때부터, 본인 자신의 의견을 내면, '건방지다', 혹은 '나댄다'라는 평을 들었을 것이고, 때문에 자신의 의견을 낸다는 것에 익숙하지 않게 되어 협상을 멀리하게 된 것으로 생각된다. 그 결과 FTA, 위안부 협상 등 중요한 협상에서부터, 비영리 섹터에서의 협상, 취업을 위한 면접, 학생들이 교수님께 하는 성적이의 신청까지 제대로 된 협상은 커녕 본인의 생각조차 제대로 표현하지 못하는 것이 현실이다. 특히나 직장인의 경우 납품업체를 선정하고, 단가와 물량 및 기타 부대 조건들을 협상하고, 계약서를 작성하고, 계약을 한 후에도 예상치 못한 문제 발생을 해결하기 위한 협상을 하고, 계약 기간이 끝나면 또 다른 계약을 위한 협상을 하는 등 업무의 대부분의 시간을 협상과 관련하여 사용하고 있다. 그럼에도 불구하고, 협상을 하고 있다는 사실 자체도 인식하지 못하는 우를 범하고 있음이 안타깝다.

창업 후 지난 19년 동안 먹고 살기 위해 글로벌 협상 테이블에 앉았던 그간의 경험, 이빠데 경영대학원(IPADE Business School)에서 배운 하버드(Harvard) 협상론을 토대로, 2017년 가을학기 숭실대 경영대학원에서 3학점 짜리 협상론 강의를 개설했고, 이를 바탕으로 2018년

'협상이 별거냐' 라는 책을 집필했었다. 그 책을 기본으로, 불필요한 내용, 적용하기 어려운 내용 쫙 빼고 꼭 필요한 협상 에센스만 따로 모았기에, 이 책은 어렵지 않다. 여러분이 실제 협상에서 적용할 수 있게 구성하고자 하였으며, 평범한 대한민국 국민들의 실질적 협상력을 강화시키는데 목적을 두었다. 협상의 특징과 접근법, 비즈니스 협상을 위한 8가지 기본 법칙과 실전협상사례, 성공적인 협상을 위한 협상 기술의 심화(Strong Negotiator)와 협상 팁(Tip), 상황별 협상, 그리고, 개인별 협상스타일 체크 등을 내용에 담고 있으니, 이를 통해 실제 협상에 대한 두려움을 떨치고, 자신감을 갖기 바란다.

2021년 2월 배 헌

언택트 세상에서도
꼭 알아야 하는 협상

66

협상은 어려운 것이 아니다.

99

1장

언택트 세상에서도
꼭 알아야 하는 협상

우리는 일상에서 수많은 질문을 통해 의사결정을 하고 있다. 이런 의사
결정에는 '나' 자신만 관련된 것도 있지만, 타인에게 영향을 미치는 것
이 대부분인데, 이 모든 의사결정과정을 협상이라고 봐도 과언이 아니
다. 협상에 대한 올바른 이해와, 살면서 진행되는 모든 협상에서 상호
윈-윈(Win-Win)할 수 있는 방법들을 살펴 보자.

커뮤니케이션에 있어 말로 하는 부분(Verbal)은 7-8% 밖에 되지 않으
며, 나머지 92-93%는 표정, 제스처, 이메일, 카톡, 문자메시지 등 말
이 아닌 다른 수단(Non-Verbal)을 이용한다. 또한, 직장인들은 근무 시
간의 70% 이상을 커뮤니케이션 하는데 소비하며, 이는 경력이 올라갈
수록 더욱 높아진다는 통계조사가 있다. 보통 양방향(Two Way) 소통
이 주를 이루는 커뮤니케이션 프로세스는 크게 두 종류의 협상으로 귀
결되는 경우가 많은데, 첫 번째는 매매, 계약과 같이 계획을 이행(Plan

Transactions) 하기 위한 협상이며 DMN(Deal-Making Negotiation)
이라고 부른다. 두 번째는 분쟁을 해결(Resolve Conflict)하기 위한 협
상이며 DSN(Dispute Settlement Negotiation)이라 칭한다. 협상을 성
공적으로 이끌기 위해서, 우리는 상대방에게 예스(Yes) 또는 노(No)를
듣기 위한 전략(Strategy)을 사용하게 된다. 정리하면, 협상(Negotia-
tion)이란, 어떤 목적에 부합되는 결정을 하기 위하여 상대방과의 커뮤
니케이션을 통해, 상대방의 생각을 바꾸어, 나에게 유리한 방향으로 결
과를 이끄는 행위라고 볼 수 있다.

대다수의 사람들은 목소리 크고, 말발이 좋아야만 협상을 잘할 수 있다
고 잘못 생각한다. 앞으로 다뤄질 협상의 특징들에 대해 잘 습득하고 올
바른 협상의 원칙에 대해 기억하도록 하자.

1 협상의 특징

01 | 세상의 모든 커뮤니케이션은 협상이다

협상을 어려운 것이라고 많이들 생각하지만, 우리는 매분, 매시간, 매일
다른 사람과의 커뮤니케이션을 통해서 협상을 할 뿐 아니라, 본인의 자
아(自我)와도 협상을 하고 있다. 지금 이 책을 읽는 순간에도 '이 책을
계속 읽을 것인가' 아니면 '카톡으로 만나자는 메시지를 보낸 친구와 술
한잔 할까'를 고민할 수 있고, 점심시간이 다가오는데, '누구랑 점심을

먹을지' '점심메뉴를 무엇으로 할지' 등을 생각할 수도 있다. 또한, '여자 친구와 영화를 보러 가야 되는데, 어떤 영화를 볼까?', '용돈이 다 떨어 졌는데, 부모님에게 어떻게 말해야 할까?', '내일 중요한 보고가 있는데 자료는 어떻게 준비해야 하지?', '여섯 시에 퇴근하면, 집에 갈까? 술을 먹을까?' 등의 주제로 여러분 마음속의 다른 자아와 협상을 하고 있을 수 있다. 이처럼, 인간관계에서 생기는 '모든 커뮤니케이션'은 물론, 대수롭지 않은 '자신의 고민들' 모두가 협상인 것이다.

02 | 협상은 비즈니스의 기본이며 두 가지 목표가 있다

금전적으로 연결되어 있는 비즈니스를 위한 커뮤니케이션은 100% 협상으로 이루어져 있으며, 그렇기에 협상이 없는 비지니스는 비지니스가 아니라고 봐도 무방하다. 협상에는 두가지 목표가 있는데, 첫 번째 목표는 금전과 직결된 '협상 결과'이다. 협상 결과는 협상에 참여한 모두에게 직/간접적으로 경제적 가치에 영향을 미치기에 협상을 통해 좀 더 싸게 구입하고, 보다 비싸게 팔 수 있다면 이보다 더 좋은 가치 창출은 없을 것이다.

협상의 목표 = 협상 결과 + 인간관계

두 번째 목표는 협상 상대방과 '인간관계'를 맺는 것이다. '협상하면 이 겨야지, 무슨 인간관계를 맺는다는 거야?' 라고 생각하는 사람들이 대다수일 것이다. 필자는 협상에 관한 강의를 할 때마다 *"협상을 가장 잘 하는 사람들은 누굴까요?"* 라는 질문을 한다. 보통의 경우 *"대기업 구매 부장, 대기업 구매 임원들이요."* 라는 답변을 받는데, 오히려 그 사람들 이 협상을 가장 못하는 사람들 일지도 모른다는 생각을 하곤 한다. 대기 업 구매부장이 본인의 회사에 납품을 하고 있는 중소기업 대표와 협상 을 한다면 보통 그들은 협상이 아니라 '단가 좀 낮춰봐요. 낮추지 않으 면 매대에서 상품을 빼겠다.' 혹은 '우리회사 거래하고 싶은 사람들 줄 서 있다.' 라는 식의 말로 우월적 지위를 취하여 목표를 달성하고, 그런 후 사무실에 돌아와 팀원들에서 성공적인 협상이었다고 말하는 상황이 많이 있기 때문이다.

우월적 지위를 통해 이득을 취하는 것은 협상이 아니다. 갑을관계인 대 기업과 중소기업은 이미 힘의 불균형이 존재한다. 당신이 중소기업 대 표이고, 반드시 대기업에 납품해야 할 상황이라고 생각해 보자. 위의 협 상은 협상이 아니라 통보를 받는 것이다. 이제 대기업 구매부장이 회사 를 그만두고, 배운 게 도둑질이라고, 그 업계에서 창업을 했다고 가정을 해보자. 그리고, 업계 모임에서 우연히 대기업 다닐 때 무시했던 중소기 업 대표를 만났다 치자. 만약 당신이 중소기업 대표라면, 그 사람을 어 떻게 대하고, 상황을 어떻게 전개하겠는가. 그 전에 갑질을 당했던 나쁜 기억이 있기 때문에 속된 말로 막 창업한 대기업 구매부장을 밟으려 할 가능성이 높다. 이처럼 협상은 원샷(One Shot), 즉 한번만 하는 게임이 아니라, 반복적으로 이루어지는 게임이다. 즉, 상대방을 한 번만 만나는 것이 아니라, 또 다른 비지니스 협상 자리에서 혹은 예상치 못한 자리에서 다시 만날 수 있기 때문에, 협상 할 때는 내가 얻을 이익만 생각하지 말고, 상대방도 배려하고 생각하는 습관을 가져야 한다. 만약 예전에 구매부장이 협상을 할 때 "대표님 단가 좀 낮춰주세요, 힘드신 줄 알지만 지금은 낮춰 주셔야 거래가 성사될 것 같습니다. 이번에 해주시면, 다음번엔 제가 회사를 설득해서 오더(Order) 전부를 대표님 회사랑 할 수 있도록 노력하겠습니다. 부탁드립니다" 라고 했다면, 업계 모임에서 만났을 때의 상황은 정반대가 되었을 가능성이 높고, 때문에 '인간관계'를 맺는 것이 협상에 있어 중요한 것이다. 그것이 상생이고, 동반성장이다.

03 │ 협상은 흥정(High-Low Game)이 아니다

숭실대 경제학과에서는 매년 '글로벌 비즈니스 경진대회'[1]를 개최하는데, 2016년에는 중국 상해를 갔었다. 학생들은 자유시간을 할애하여 가짜 상품을 파는 시장에서의 관광을 즐겼다. 그 곳에서 파는 가짜 롤렉스 시계는 보통 10만 원에서 시작하는데, 누군가는 흥정 끝에 3만 원에 구매를 하는 반면에, 다른 누군가는 5만 원에 샀다고 좋아한다. 3만 원에 구매한 학생은 가짜 상품을 파는 상인을 조롱하며, 본인의 협상력을 자랑한다. 하지만, 이것은 협상이 아니라 흥정일 뿐이다.

계산을 해 보자. 만약 상인이 10만 원에 팔고자 했는데, 학생이 3만 원에 구매를 했으면, 상인은 7만 원을 손해 보게 되고, 학생은 7만 원의 이

---

[1] 글로벌 비즈니스 경진대회 : 숭실대학교 경제학과에서 개최하는 교내 공모전으로 해외에서 상품을 직접 소싱한 후, 국내에서 판매하여 얻은 '수익'과 '활동 UCC'를 기준으로 평가를 한다.

익을 보게 된다. 반면에, 어떤 학생이 흥정에 익숙하지 않아 3만 원에 구매 할 수도 있었던 시계를, 상인이 원했던 10만 원에 구매하게 되면, 앞의 사례와 반대로 상인은 7만 원의 이익을 보게 되고, 학생은 7만 원의 손해를 보게 된다. 이처럼, 흥정은 한쪽이 이익을 본 만큼, 다른 한쪽은 같은 액수의 손해(Loss)가 발생해 그 합계가 영(0)이 되는 **제로섬 게임**(Zero-Sum Game)이라는 점에서 협상과 차이를 보인다. 더하여, 다음 번에 중국에 갔을 때 그 상인을 만나서 또 다른 물건을 구매하게 될 가능성은 어느 정도인가. 아마도 일부러 찾지 않은 이상, 다시 만날 가능성은 거의 제로 퍼센트에 가까울 것이다. 다음 번에 또 다시 마주칠 가능성이 없는 **일회성 게임**(One Shot Game)이라는 점도 협상과 다른 점이다.

반대의 사례를 들어보자. 이제 막 인터넷 쇼핑몰을 창업하여 매출이 올라오기 시작한 젊은 처자가 있다. 그녀는 새벽에 동대문 도매시장에서 유행에 민감한 옷가지를 구매하여, 본인의 인터넷 쇼핑몰에서 판매를 한다. 어느 날 단골 옷 가게에서 100만 원 상당의 옷가지를 구입했는데 5만 원의 현금이 모자란다. 그 때 이렇게 얘기할 수 있다.

"이모, 5만원이 모자라요. 만약 깎아 주시면, 다음 번에 올 때 제가 점심 살게요, 그리고, 제 친구들한테도 여기 소개 할게요, 좀 깎아 주세요."
"그래, 얼른 번창해서 더 많이 사 가야 돼, 알겠지?"
"예, 고맙습니다, 다음주에 또 봬요."

이 경우, 경제적 측면만 따져보면, 이모님 입장에서는 100만 원을 받아야 되는데 95만 원을 받았으니, 5만 원 손해를 보았고, 반대로, 처자는 100만 원을 지불해야 하는데 95만 원만 지불했으니 5만 원의 이익이 발생했다. 여기까지는 롤렉스 시계의 사례와 동일하게 제로섬 게임과 다를 바 없다. 하지만, 이모님은 처자와의 친분 그리고, 잠재적 고객을 확보할 수 있다는 5만 원 상당(혹은 그 이상의) **무형의 주관적 이익**이 발생했다고 느꼈기에 기꺼이 5만 원을 깎아준 것이다. 이로 인해 한쪽이 이익을 볼 때 다른 한쪽은 손해가 발생해 그 합계가 영(0)이 되는 제로섬(Zero Sum)이 아닌, 합계가 영(0)보다 큰 **포지티브섬**(Positive Sum)이 발생하였고, 이것이 흥정과 다른 **협상**의 본질이다. 그렇다면, 그 처자가 다음 번 동대문 시장을 갔을 때, 그 이모님에게 또 다시 물건을 구매하게 될 가능성은 어느 정도 인가. 아마도 아주 나쁜 사람이 아니라면 그 이모님에게 물건을 구입할 가능성이 거의 백 퍼센트에 가까울 것이다. 이처럼, 협상은 흥정과 달리 '단 한번만' 거래하는 것이 아니라 다음주에도, 다음달에도, 내년에도 쭉 **연속되는 게임**(Continuous Game)이며, 양쪽 모두가 이기는 윈-윈(Win-Win)을 목표로 하는 **포지티브섬 게임**(Positive-Sum Game)으로, 이는 상대방을 계속하여 속일 수 없음을 의미한다.

따라서, 만약 상대를 다시 보게 될 가능성이 낮으면(일회성 게임), **이익 중심의 흥정**을 하는 것이 낫고, 상대를 다시 보게 될 가능성이 높으면(연속되는 게임), **관계 중심의 협상**을 해야 된다.

흥정과 협상의 차이

흥정

협상

Zero Sum	VS	Positive Sum
One Shot Game	VS	Continuous Game
이익 중심	VS	관계 중심

상대를 다시 보게 될 가능성이 낮으면, 흥정(이익 중심)을
상대를 다시 보게 될 가능성이 높으면, 협상(관계 중심)을 해라

04 ┃ 연애 잘하는 사람이 협상도 잘한다

카사노바(Casanova)

© shutterstock

카사노바, 흔히 말하는 바람둥이. 화려한 외모를 자랑하는 '카사노바'만 있는 것은 아니다. 지극히 평범한 외모와 몸매를 가진 '카사노바'들도 우리 주위에서 많이 볼 수 있다. 그들은 어떻게 수많은 여성들의 마음을 훔칠 수 있었을까? 바로 '심리게임'의 고수이기 때문이다.

학창시절 외모는 평범하지만 항상 두 여학생과 양다리를 걸치며 연애를 하는 친구가 있었다. 어느 날, "넌 어떻게 매번 걸리지 않고 양다리를 걸치냐?", "비결이 뭔데?" "잘 생기지도 않은 니가, 대체 어떻게 여러 여학생들의 마음을 사는거냐?" 라고 물어본 적이 있다. 그 친구의 답변은 이랬다.

"야 나도 너무 힘들어, 지난번 영화 데이트를 A랑 했는지 B랑 했는지, 어떤 이야기를 누구랑 했는지 다 기억해야 된단 말이야."
"근데 이런건 기본이고 여학생들의 마음을 사기 위해서 보통은 외적인게 중요하다고 생각하는데, 이 생각부터 바꿔야해"
"진짜 중요한 건 그들의 마음을 읽고, 행동하는거야"
그럼 모든게 끝나, 그럼 걸리지도 않을 뿐더러, 3명 동시에 만나는 것도 거뜬해"

이처럼 연애는 상대방의 심리를 읽는 '밀당'으로부터 시작한다. 연애하는 선남선녀들은 각자 자신의 패를 숨기고 서로를 탐색하며, 상대가 자신에게 호감을 가지도록 노력한다. 너무 좋아하는 마음만 내보이면 가끔 '밀당'에 실패해 내게 관심을 보이던 친구가 떠나가기도 한다.

가끔은 밀고, 때로는 당기고, 이러한 '밀당'을 적절히 사용할 때 연애의 고수가 될 수 있다.

협상도 연애와 마찬가지다. 협상도 연애처럼 상대방을 알아가는 밀당에서 시작해야 한다. 자신의 패를 숨기고 협상 상대를 탐색하며, 상대가 자신에게 호감을 가지게 하기 위해 노력해야 한다. 또한, 너무나 간절한 마음을 보여주는 것은 협상을 어렵게 만들 수 있으니 조심하자. 협상을 잘하기 위해서는 연애처럼 계속 '밀당'하라, 그러면 당신도 협상의 고수가 될 수 있다.

05 │ 우리나라는 협상에 대한 교육/인식이 부족하다

제대로 된 협상 교육이 없다

대한민국 국민들 대부분은 협상을 '경험을 통해 주먹구구식으로 배울 수 있는 것'이라고 생각하기 때문에, 나이가 들고, 직장을 오래 다니면 당연히 잘할 수 있을 거라고 믿는다. 그로 인해, 협상 교육이 발전할 수 없었으며, 수요가 없으니 대학원에서도, 경영학과에서도 가뭄에 콩 나듯이 드물게 강의가 개설된다. 그마저도, 가르치시는 분들이 대부분 실무 경험이 없는 교수님들이라, 협상 자체를 학문으로 접근하여 실제 상황에 접목하기가 쉽지 않은 것이 현실이다. 그런데, 놀랍게도 선진국에서는 유명하거나, 유명하지 않은 대학이거나 상관없이 거의 모든 대학에서 협상을 가르치고 있다. 이런 차이가, 국제적인 큰 협상에서 대한민국이 이기는 경우가 거의 없는 이유를 설명해 준다. 협상은 어깨너머로 주먹구구식으로 배울 수 있는 '고스톱'이 아니다. 체계적으로 배워야 '진짜 협상가'가 될 수 있다.

나와는 상관없는 것이라고 생각한다.
많은 사람들이 협상은 '높은 지위에 있는 중년 남자가, 멋진 양복 차려입고, 호텔이나 의리의리한 회의실의 테이블에 앉아 인상 쓰면서, 어려운 얘기하는 것'이라고 착각한다. 절대 아니다.

평범한 우리들도 하루에 400번 이상 크고 작은 협상을 다른 사람과 혹은 자기 자신과 하고 있다. 고로, 우리가 하는 모든 커뮤니케이션이 곧 협상이고, 모든 비즈니스의 기본이 협상인 것이다. 지금이라도 협상에 관심을 갖고, 앞으로 살아가면서 맞닥뜨리게 될 수많은 협상을 위해, 지식적, 경험적으로 협상에 필요한 지혜를 차근차근 쌓아가기 바란다.

2 협상의 접근법과 비즈니스 협상

01 │ 협상의 접근법

고압적인 접근, 논리적으로 무장한 접근, 비열한 접근 등 협상에 대한 수백 가지의 접근법이 있으나, 그 본질은 두 가지로 귀결된다. 첫 번째는 상대방을 희생시켜 자신의 이익을 극대화 시키는 것을 목적으로 하는 **분배적 접근법**(Distributive Approach)이며, 두 번째는 협상 상대방에게 피해를 주지 않으면서 양쪽 모두를 만족시키는 **통합적 접근법**(Integrative Approach)이다. 다음의 표를 통해 살펴보도록 하자.

▎분배적 접근법과 통합적 접근법

분배적 접근법(Distributive)	통합적 접근법(Integrative)
Competitive Bargainer	Cooperative Bargainer
Win – Lose	Win – Win
Zero Sum	Positive Sum
Fixed Pie	Expand Pie
DSN	DMN
Betray	Cooperate
Devil	Angel

협상에 대해 분배적인(Distributive) 접근을 취할 경우, 협상의 당사자는 본인의 이익만을 추구하므로 경쟁적인 바게너(Competitive Bargainer)이며, 한쪽은 이익을 보고, 다른 한쪽은 손해를 보게 되므로 윈-루즈(Win-Lose)가 된다. 또한, 한쪽이 이익을 볼 때 다른 한쪽은 손해가 발생해 그 합계가 영(0)이 되는 제로섬 게임(Zero-Sum Game)이므로, 추후에 계속되는 비즈니스가 없기에 파이 자체가 커지지 않고, 고정(Fixed Pie)되게 된다. 이러한 분배적인 접근법은 주로 분쟁을 해결(Resolve Conflict)하기 위한 협상인 **DSN**(Dispute Settlement Negotiation)에 이용되며, 이익을 위해 상대방을 배신

(Betray)하고, 협상의 상대방을 악마(Devil)로 여기며 협상에 임하게 되니 진정한 협상이 아니라, '흥정'에 가깝다고 볼 수 있다.

반면에, 협상에 대해 통합적인(Integrative) 접근을 취할 경우, 협상의 당사자는 본인의 이익뿐만 아니라, 상대방의 이익 또한 동시에 추구하므로 협조적인 바게너(Cooperative Bargainer)이며, 양쪽이 모두 이익을 보게 되므로 윈-윈(Win-Win)이 된다. 또한, 서로 화합하여 상대방과 자신의 이익이 동시에 발생해 그 합계가 플러스(+)가 되는 포지티브섬 게임(Positive-Sum Game)이므로, 추후에도 비즈니스가 지속되어 파이 자체가 확장(Extend Pie)되게 된다. 이러한 통합적인 접근은 매매, 계약과 같이 계획을 이행(Plan Transactions)하기 위한 협상인 DMN(Deal-Making Negotiation)에 이용되며, 이익을 위해 상대방과 협력(Cooperate)하고, 그 상대방과 거래하게 되면 이익이 발생하므로 협상의 상대방을 천사(Angel)로 여기며 협상에 임하게 된다.

02 | 비즈니스협상

우리가 하게 되는 비즈니스 협상(Business Negotiation)에서 사용되는 것이 바로 통합적인 접근법이다. 비즈니스 협상을 할 때 사용되는 거의 모든 정보는 상대적으로 공개되어 있으며, 비지니스 협상은 상호 이익을 추구하고(Win-Win), 서로 질문(Question)하며, 좋은 인간관계(Relationship)를 만드는 것이라고 할 수 있다.

케켄(Keken)

필자의 회사인 ㈜비에이치앤컴퍼니는 식품전문 무역회사로 해외에서 돈육을 수입하고 있는데, 그 중 멕시코 재계 10위권 쿠오(Kuo)그룹 소속 케켄(Keken)[2]사의 멕시코 돈육은 2007년 한국독점계약을 체결한 이래, 지난 14년 동안 독보적으로 수입량 1위(멕시코 브랜드 중에서)를 지키고 있다. 14년 전 우리나라에서 최초로 멕시코 삼겹살을 수입할 때, 새로운 시장을 창출하기 위해 고생도 많이 했지만, 품질의 우수성이 알려지고 난 후 상당히 높은 마진율을 가지게 되고, 너무 많은 수익을 취함이 미안한 나머지 케켄(Keken)에게 질문을 던진다.

"난 지금 너네 한테 삼겹살만 수입하고 있잖아, 혹시 목살도 수출할

---

[2] 케켄(Keken): 멕시코 돈육 생산 1위 회사로서 주당 5만두 이상의 돼지를 도축하고, 한국, 미국, 일본, 중국 등에 수출하며, 멕시코 돈육 프렌차이즈 'Mexicarne'를 운영하는 '수직계열화' 된 회사다.

수 있어?, 미국으로는 얼마에 수출하고 있니?, 한국에 수출하면 단가를 조금 더 받을 수 있을 것 같은데"

"어, 할 수 있지, 그런데 미국이 너네 보다 비싸게 수입해서, 미국에 수출하는 것이 더 나아."

"아쉽네, 그럼 돼지갈비는 어때?"

"그것 좀 사주라, 돼지갈비는 잘 안 팔리네"

"시장 조사 해봤더니, 우리 마진은 거의 없는데, 수입은 가능해, 한번 해보자."

"Amigo(친구), 고맙다."

이런 절차를 거쳐 지금은 12가지의 돈육 아이템을 케켄으로부터 수입하고 있는데, 비에이치앤컴퍼니는 수입량과 이익이 늘어나서 좋고, 케켄 또한 많은 물건을 수출할 수 있어서 이익이 되는 등 서로가 **윈-윈**(Win-Win)하고 있다. 그 결과, 지금은 엔간한 한국친구보다도 더 친해져, 필자의 막내 여동생이 결혼할 때는 축하해 주기 위해 20시간 넘게 비행기를 타고 한국까지 올 정도로 각별한 사이가 되었다. 또한, 2009년 멕시코 인플루엔자가 터져서, 팔리지 않은 재고로 인해 필자의 회사가 재정적 어려움에 처해 있을 때, 500만 달러에 달하는 물품대를 1년동안 외상으로 주기까지 했다. 그 만큼 서로를 신뢰할 수 있는 **인간관계**가 생겼기 때문이라 할 수 있다.

다시 살펴보자, 삼겹살로 돈을 번 우리회사는 우리만 큰 돈을 번 것이 미안했기에, 케켄에게 질문(Question)을 함으로서, 그들이 수출하고

자 하는 품목을 알게 되었으며, 박한 마진에도 불구하고 그들에게 도움을 주기 위해 수입하게 되었고, 이를 계기로 현재는 12가지 아이템을 취급하게 되면서 양사 모두 이익(Win-Win)을 취하게 되었다. 그 결과 동생 결혼식에 참석하거나, 500만 달러를 외상으로 줄 수 있을 정도로 무척이나 깊은 인간관계가 형성되었다. 이처럼 서로 질문을 통하여 상호 이익을 높이면(Win-Win), 자연스레 **인간관계**(Relationship) 역시 성공적으로 구축할 수 있는데, 이것이 바로 '비지니스 협상'이다.

거래의 사이즈가 크든 작든, 회사가 스타트업이든지, 대기업이든지에 간에, 비즈니스 협상은 질문하고, 윈-윈하고, 그로 인해 인간관계가 형성되었느냐, 아니냐에 따라서 좋은 협상인지, 그렇지 못한 협상인지 판단할 수 있다. 만약, 필자가 본인 회사만의 이익 극대화를 추구하는 협상을 했다고 가정하면, 케켄 측에서 500만 달러를 외상으로 줄 수 있었을까. 질문하고, 윈-윈하고, 그로 인해 인간관계가 만들어졌기에 가능한 일이다. 비즈니스 협상은 원샷(One Shot)게임이 아니므로, 지속적인 인간관계를 통해, 서로의 이득을 극대화하는, 즉 파이를 키우는 것임을 꼭 기억하자.

언택트 세상에서도 꼭 알아야 하는 협상

2장

3장

4장

5장

비즈니스 협상을 위한
8가지 기본 법칙

"

8가지 기본 법칙은
협상의 기초다.

"

2장

비즈니스 협상을 위한
8가지 기본 법칙

그럼 어떻게 해야 비즈니스 협상을 잘할 수 있을까. 협상은 누가 더 많이 준비하는가에 따라 결과가 달라질 수 있다. 이는 단순하게 정보의 양적 준비만을 의미하지는 않으며, 상대방의 요구와 숨겨진 욕구에 대한 인식, 서로가 윈-윈하기 위한 전략적 고민 등이 뒤따라야 한다. 수 백개의 협상의 법칙 중 중복되는 내용 빼고, 성공적인 비즈니스 협상을 하기 위한 8가지 기본 법칙을 정리했다. 이를 협상이 시작되기 전 미리 철저하게 '준비' 하기를 바란다.

1	요구(Position)뒤에 숨겨진, 욕구(Interest)를 찾아라
2	양쪽을 만족시키는 창조적 대안(Creative Alternatives)을 개발하라
3	상대방의 숨겨진 욕구(Hidden Interest)를 자극하라
4	숫자를 말하기 전에 객관적 기준(Standard)을 미리 정하라
5	논리적 근거를 협상에 활용하라

6	당신과 상대방의 배트나(Best Alternative To a Negotiated Agreement)를 준비하고 분석하라
7	윈-윈(Win-Win)을 추구하며, 질문하고, 인간관계를 맺어라
8	NPT(Negotiation Preparation Table)를 만들어라.

 요구(Position)뒤에 숨겨진, 욕구(Interest)를 찾아라

요구는 겉으로 드러나 있는 것이며, 욕구는 마음속에 있는 것으로 요구의 배경이라고 생각하면 쉽다. 이미 드러나 있는 요구를 만족시키는 것은 협상이 아니다. 상대방의 요구 이면의 욕구를 찾을 때 당신이 펼칠 수 있는 카드는 수 없이 많아질 것이고, 원-윈 협상이 가능해진다. (Identify Contents of The Deal).

숭실대에는 오랜 전통의 축구부가 있다. 그들이 연습경기를 마치고, 학교 앞 편의점에 있는 콜라를 전부 싹쓸이해서 구매했고, 당신은 그 편의점 주인이라고 생각해 보자. 매장에 손님이 들어와 *"콜라 하나 주세요"* 라고 요구한다. 그런데 매장에는 콜라가 없다. 요구에만 얽매여 있다면 콜라가 없다고 말하겠지만, 콜라를 사고자 하는 사람의 욕구에 초점을 맞춰 *"콜라가 떨어졌는데, 탄산음료가 드시고 싶은 건가요?"* 아니면 *"갈증을 해소하기 위한 음료가 필요하신가요?"* 라는 질문을 했더니 *"목 말라서 탄산음료 마시려고요"* 라는 답이 온다. *"아, 탄산음료 원하*

시는군요, 콜라는 떨어졌지만, 사이다는 여기 있습니다." 요구에만 초점을 맞췄으면, 매상을 올릴 수 없었겠지만, 탄산음료를 마시고 싶은 상대방의 욕구를 찾았기에, 편의점 주인은 콜라 대신 사이다를 팔아 매상을 올릴 수 있게 되고, 손님은 콜라 대신 사이다를 통해 갈증을 해소함으로써 서로 윈-윈 할 수 있게 된다.

국내 굴지의 기업에 다니는 자금부 팀장이 있었다. 그 회사는 매년 2월 연봉협상을 하는데, 지금은 연봉협상이 끝난 5월이며, 자금부에는 경쟁사에서 스카웃 제의가 들어오는 아주 유능한 부하직원이 있다. 어느 날 그 부하직원이 면담을 요청하며, *"팀장님, 연봉협상을 다시 하고 싶습니다."* 라고 말한다. 대부분의 경우 연봉협상이라는 요구에만 집중하여, *"우리회사 연봉협상은 12월에 끝났잖아."* 라고 얘기할 것이고, 그렇게 되면 그 친구가 경쟁사로 옮기게 될 것이며, 팀장 입장에서는 유능한 인재가 회사를 그만 둠으로써 손해가 발생하게 된다. 이때, *"연봉협상 끝난 것 알고 있을 텐데, 무슨 일 있어?"* 라고 질문하며 욕구에 초점을 맞췄더니 *"어머니가 편찮으셔서 급하게 천 만원이 필요해서요"* 라는 답변이 온다. *"그런 거면 고민하지 말고, 진작 얘기했어야지, 우리 회사에 저금리 대출제도가 있으니, 천만원은 오늘이라도 대출 가능해, 내가 관련부서 전화해 줄게"*, *"감사합니다. 팀장님"*. 이처럼, 연봉협상이란 요구 자체에 집착하지 않고, 그 원인이 무엇인지 욕구에 초점을 맞춤으로써, 부하직원도 만족하고, 팀장도 유능한 인재를 경쟁사에 뺏기지 않는 윈-윈의 결과를 가져올 수 있다.

1963년 미국과 소련의 '핵실험금지조약'을 예로 들어 보자. 당시 미국 측 요구는 일년에 10번의 핵사찰을 하는 것이었고, 소련은 일년에 3번의 핵사찰을 하기를 요구하여 협상이 난항을 겪고 있었다. 그렇게 요구했던 양쪽의 욕구를 알아보니, 미국은 '소련을 믿지 못했기에' 일년에 10번의 핵사찰을 하여 소련을 감시하기를 원했던 것이었고, 소련의 입장에서는 10번의 핵사찰을 받는 것 자체가 '자존심 상하는 문제'였기 때문이었다. 결국, 양측의 입장을 모두 고려하여 일년에 3번의 핵사찰을 하되, 한 번 핵사찰을 할 때 3달씩 하기로 함으로서, 미국은 소련을 감시할 수 있게 되었고, 소련은 한 번에 3달이긴 하지만, 일년에 3번만 핵사찰을 하기로 했다고 국민에게 알림으로써 자존심을 지킬 수 있는 상호 윈-윈하는 협상으로 종결지을 수 있었다. 이처럼 협상은 보이는 요구 뒤에 숨겨진 욕구가 승패를 결정한다.

 Practice 1   일상 생활에서 접할 수 있는 요구(Position)와 뒤에 숨겨진 욕구 (Interest)를 찾아라.

01 정치적 의무와 시민으로서 권리행사를 위해 투표를 하자
(안 하면 무식해 보이니 투표해서 체면을 세우자)

02 늦었으니까 집에다 데려다 줘 (남자친구의 마음을 확인하고 싶다)

03 음식 고를 때 : 아무거나 괜찮아 (친구에 대한 배려 : 관계유지)

04 보온성이 좋은 캐나다구스를 입고 싶다 (명품 옷을 입고 싶다)

05 자취하는 친구가 부모님 안부를 걱정하고 건강을 챙기길 바라며
전화를 드린다 (용돈이 부족하여 용돈을 원한다)

06 오늘 술 마시자 (진솔한 얘기를 하고 싶다)

07 오빠, 이거 예쁘다 (사줘)

08 군대신병 : 누나 있어? (소개시켜 줘)

09 팀플 : 누가 조장하실래요? (난 싫어)

10 수업 끝나고 : 밥먹었어? (같이 먹을래?)

11 상사 : 메뉴 골라라 (내가 좋아하는 음식 시켜라)

양쪽을 만족시키는 창조적 대안(Creative Alternative)을 개발하라

대부분의 사람들은 창조적 대안을 개발하라고 하면, '새로운 것', '특별한 것', '누구도 생각하지 못한 것'을 떠올리려고 노력한다. 하지만, 창조적 대안을 개발하는 것은 대단한 창의력을 요하는 것이 아니며, 그런 부담감은 오히려 역효과를 내어 '식상한 대안'에 도달할 가능성을 높인다.

창조적 대안은 꼭 새롭지 않아도, 기존의 상황에서 가질 수 있는 가치에 약간의 변형만 주면 도달할 수 있다. 특히, 눈에 보이는 환경, 제약조건에서 탈피하여, **상대방의 욕구(Interest)**에 집중하면 양쪽 모두를 만족시키는 창조적 대안이 보이게 된다. 앞서 언급한 사례를 다시 한번 보자. 편의점 케이스의 경우 손님의 요구는 코카콜라 였으나, 양쪽을 만족시키는 창조적 대안은 '사이다와 같은 탄산음료'등이 될 수 있었다. 연봉협상 케이스의 경우 '회사의 대출제도'가 창조적 대안이었으며, 핵사찰의 경우에는 '일년에 3번의 핵사찰을 하되, 한 번 핵사찰을 할 때 3달씩 하기로 함'이 양쪽을 만족시키는 창조적 대안이 되었다.

'이집트와 이스라엘의 평화협정' 사례를 살펴 보자. 시나이 반도(Sinai Pen.)는 아시아와 아프리카를 연결하는 삼각형의 반도로, 근대에 시나이 반도의 영유권을 두고 터키와 이집트가 싸웠으나 제1차 세계 대전 이후 이집트령으로 인정되었다.

1967년 이집트가 시나이 반도에 연결되어 있는 티란(Tiran) 해협을 봉쇄하고 이스라엘 선박의 통과를 금지시키자, 이스라엘은 이에 대한 보복으로 이집트, 요르단, 시리아를 공격하여 승리로 이끌었고, 시나이 반도를 점령해버렸다. 그 후 이집트는 이스라엘에게 시나이 반도를 돌려달라고 수차례 요청하였으나, 1978년까지 이스라엘은 그들의 요청을 받아들이지 않았다. 끝나지 않을 것 같은 양국의 싸움은 1978년 미국의 지미 카터 전 대통령에 의해 해결되었다. 그는 이집트 수상을 만나서 '왜, 시나이 반도를 돌려받으려 하는지' 질문했고, 이스라엘 수상을 만나서는 '너네 땅도 아닌데 왜 돌려주지 않느냐'고 물었다. 이스라엘은 시나이 반도를 돌려줄 경우 이집트가 또 다시 미사일 공격을 할 위험성 때문에 반환을 거부했으며, 이집트는 국민들이 자국 땅조차

시나이 반도(Sinai Peninsular)

© Google

찾아오지 못하는 무능한 정부를 욕하기에 자존심 때문에라도 돌려받기를 원하는 욕구가 있음을 알게 되었다. 이에 카터는 시나이 반도에 'UN 평화유지군 주둔'이라는 양쪽을 만족시키는 창조적 대안을 제시함으로써 이스라엘은 전쟁의 위험으로부터 벗어날 수 있었고, 시나이 반도는 1982년 이집트에 완전히 귀속될 수 있었다.

우리가 비즈니스 협상을 할 때, 서로가 원하는 목표가 '단지' 경제적

이득에만 국한된 점이 아니라, 기업의 명성, 평판, 시장점유율, 기타 상호관계 등 다양한 목표가 있을 수 있다. 따라서, 창조적 대안을 개발할 때, 본인이 제일 중요하다고 생각하는 어느 '하나'에만 집착하는 편협한 사고보다, 좀 더 넓게 확대하여 생각하고 **상대방의 욕구**를 고민한다면 훌륭한 대안을 제시할 수 있을 것이다.

배우 차승원씨가 주연한 영화 '선생 김봉두'[3] 의 한 장면을 기억해 보자. 농부가 비닐하우스에 물을 대기 위해 길 위에 고무호스를 설치했는데, 다른 농부가 경운기로 그 위를 지나가서 호스가 찢어져 다툼이 일어났다. 호스를 치우지 않으면 매번 경운기가 먼 길을 돌아서 가야 하며, 반대로 경운기가 지나갈 때마다 호스를 치우는 것은 매우 번거로운 일이었기 때문이었다. 이때 양쪽의 이야기를 들은 김봉두는 삽으로 땅을 파고 호스를 묻음으로써, '경운기가 돌아갈 필요도 없고, 매번 호스를 치울 필요도 없는' 간단한 창조적 대안으로 다툼을 해결한다. 이처럼 욕구에 집중하면, 양쪽을 만족시키는 창조적 대안을 찾는 것은 그다지 어려운 것이 아니다.

---

[3] 선생 김봉두 : 비리를 저지른 선생님이 오지의 마을 학교로 발령 난 후 벌어지는 일들을 다룬 2003년 개봉한 코미디 영화이다.

Practice 2

일상 또는 사회에서 일어나고 있는 상호 간의
갈등 사건을 찾고, 양쪽을 만족시키는 창조적 대안
(Creative Alternative)을 검토하여 제시하라.

01 건물주는 대형 프랜차이즈 업체가 입점하기를 바라지만, 구청의
정책은 영세 상인을 위해 소규모 업체를 입점시키기를 원하는 상
황이다. 건물주의 욕구는 입점한 업체가 장사가 잘되고 외관상 보
기에도 좋아 건물 가격이 올랐으면 하는 것이며, 구청의 욕구는 영
세상인을 지원하는 것이다. 이 경우 양쪽을 만족시키는 창조적 대
안은, 구청이 영세 상인에게 인테리어, 경영에 대한 어드바이스와
자원을 제공하게 하는 것이다. 이로써 건물주는 건물의 시세를 높
일 수 있게되고, 구청은 영세상인의 권리를 지원 할 수 있게 된다.

02 친구와 여행가서 여행 스타일이 달라 갈등이 일어났다. 이 경우,
오전에는 각각 가고 싶은 곳을 여행하고, 식사 때 만나서 같이 먹
음으로써 양쪽을 만족시킬 수 있다.

03 중국집 주인은 손님들이 메뉴선택에 있어 항상 짬뽕과 짜장면 사
이에서 고민하는 것을 자주 목격한다. 이를 해결하기 짬짜면을 개
발했고, 중국집 주인은 매출을 올리고, 손님은 두가지 메뉴 모두를
맛볼 수 있게 되었다.

04 비누회사가 아프리카 시장을 확보하고 싶은데, 아프리카 아이들
이 손을 안 씻고, 손 씻는 것에 대한 인식이 부족해서 질병에 취약
한 상황이다. 이때 비누 안에 장난감을 넣어서 (에그몽처럼), 아이
들이 장남감을 꺼내려고 손을 씻어 질병을 방지 할 수 있게 되었
고, 회사는 비누를 팔아 시장을 확보할 수 있게 되었다.

05 로맨스 영화도 보고 싶고, 코미디 영화도 보고 싶은 상황이다. 로
맨틱 코미디 영화를 봄으로서 해결할 수 있다.

06 타이레놀 시카고 공장에서 독극물이 나와서 3명이 사망해서 회사
이미지는 안 좋아지고, 소비자는 타이레놀을 사지 않고 있다. FDA
식약청에서 시카고 공장 물량을 전량 회수하게 함으로써, 소비자
에게 책임감 있는 이미지를 보여주는 동시에, 매출을 올릴 수 있게
되었다.

3 상대방의 숨겨진 욕구(Hidden Interest)를 자극하라

타이타닉호[4]는 빙산의 보이는 부분이 아닌, 보이지 않은 부분에 부딪쳐 침몰했다. 협상초보들은 대부분 보이는 빙산에 집착하는데, 그 보다는 보이지 않는 빙산 즉, 상대방의 숨겨진 욕구를 적절히 자극해야 협상에서 침몰을 피할 수 있게 된다.

© Freepik

모든 협상이 금전적/경제적 이슈만을 다루는 것은 아니며, 금전적/경제적 이득이 없더라도 협상이 이루어지는 경우는 많다. 보통의 협상에는 가격과 물량 등의 경제적 이슈에 집중하게 되지만, 누군가는 경

---

[4] 타이타닉호 : 1912년 4월 10일 첫 항해를 시작한 선박으로, 항해를 시작한지 4일째인 4월 14일 23시 40분 경 북대서양의 뉴펀들랜드로부터 남서쪽으로 540km 떨어진 바다에서 빙산과 충돌하여 침몰하였다.

제적 이슈보다 '다른 숨겨진 욕구'인 평판, 공정, 명예, 부, 성공 같은 가치와 본능이 더 중요할 수도 있다. 상대방 입장에서 생각하라(Put Yourself In Their Shoes)라는 속담처럼, 상대방의 입장에서 상황을 고려하여, 그들의 숨겨진 욕구를 자극할 경우 협상에 성공할 가능성이 높아진다. 만약 여러분의 상대방이 '명예'라는 가치를 중시하는 숨겨진 욕구가 있다면, *"가격 좀 싸게 줘"* 라고 주장하기 보다, *"우리 시장에서 당신 제품이 1등할 수 있도록 노력해 볼 테니, 싸게 해줘"* 라고 했을 때 상대방이 받아들일 가능성이 더 높다는 것이다.

한국에서 인기 있는 스포츠는 프로야구이지만 미국에서는 NFL이다. 정규시즌이 끝나고, 주요 선수들을 불러 올스타전을 치르는데, 아무리 많은 출전료를 지불한다고 할 지라도 몇몇 선수들은 참가하기를 고사한다. 그 이유가 무엇인지 알아봤더니, 정규시즌 내내 전국을 돌며, 가족들과 시간을 보내지 못한 선수들이 시즌이 끝난 후에는 돈 보다도 가족과 시간을 보내는 쪽에 가치를 더 두었기 때문이었다. 그래서, 그들을 설득하기 위해 더 많은 돈을 지불하는 것을 대신하여, 올스타전을 하와이에서 열고, 선수 가족들 전부에게 1등석 항공권과 특급호텔 숙박권을 제공했더니, 유명한 선수들이 기꺼이 올스타전에 참가하였다. 이 경우는 '가족애' 라는 상대방의 숨겨준 욕구를 자극하여, 잘 풀리지 않은 협상을 해결한 사례이다.

비에이치앤컴퍼니에서 2007년부터 수입한 멕시코산 돈육 케켄은, 판매에서 고전을 면하지 못하다가 2009년 즈음 부터 시장에서의 지명 도와 평판이 올라가기 시작했다. 그 당시 월 평균 100톤(MT) 정도의 돈육을 수입했었는데, 시장이 커지면서 월 200톤(MT) 정도의 물량이 필요한 시점이 됐다. 그래서 케켄에게 *"시장이 커졌으니, 월 200톤(MT) 물량이 필요해졌다. 기존보다 물량이 더 늘었으니, 물건 값 좀 깎자."* 라고 했고, 당연히 오케이 할 것으로 예상했는데, 그들의 답변은 *"안 된다, 한국시장에 물건을 더 팔 의향이 없다. 일본으로 수출하면, 더 비싸게 받을 수 있기 때문이다. 그냥 100톤(MT)만 해라."* 였다. 아무리 생각해도 방법을 찾을 수 없었고, 예정에 있던 일본 푸덱스(Foodex) 식품 박람회[5]에 참가하고, 그들의 부스에 도착했을 때, 아이디어가 떠올랐다. 아무도 한국시장에 멕시코산 돈육을 들여오려 생각하지 않았던 2007년, 수입을 하기로 결정하게 된 결정적 계기는 멕시코산 돈육이 일본에서 수입돈육 중 '수입량 1위'였다는 사실을 알고부터 였다. 그 당시 케켄이 그 사실을 뿌듯하게 여기고 자랑했었던 순간이 일본에 오니 생각이 났고, *"내가 너라도 일본에 수출하겠다. 그런데 말이지, 만약 너네가 월 200톤(MT)만 공급해주면, 케켄 브랜드를 한국 수입돈육시장 1위로 만들겠다."* 라고 말했더니, *"정말 그럴 수 있겠냐? 그러면 250톤(MT)까지 주겠다."* 라는 답변이 돌아왔다. 결과적으로 당사가 원했던 가격보다 더 싼 가격으로 월 250톤(MT)을 공급받게 되었고, 14년이 훌쩍 지난 지금, 한국시장에서 독보적인 평판을 가진 브랜드 중 하나로 성장하게 되는 계기가 되었다. 그들이 자랑스러워 하는 '명성'이라는 숨겨진 욕구를 자극함으로써, 가격과 물량

---

[5] 푸덱스(Foodex) 식품 박람회 : 일본에서 열리는 식품박람회로 아시아 최대 규모이며, 독일 아누가(ANUGA), 프랑스 시알(SIAL) 식품 박람회와 더불어 세계 3대 식품 박람회로 꼽힌다.

에만 초점을 맞추었을 때보다 더 좋은 결과를 가질 수 있었던 것이다.

이러한 사례는 우리나라 축구나 야구대표팀에서도 찾아볼 수 있다. 올림픽이나 국제대회에서 메달을 따면 병역의 의무를 면제해 주겠다는 발표는 실력보다 더 좋은 성적을 얻게 만드는 원동력이 된다. 젊은 운동선수에게 '군면제'라는 카드는 그들의 숨겨진 욕구를 정확히 자극하기 때문이다.

 **Practice 3**   상대방의 숨겨진 욕구(Hidden Interest)를 자극한 사례를 찾아라. – 비즈니스 고객의 숨겨진 욕구, 대인관계에서의 숨겨진 욕구

01 달러 쉐이브 클럽(Dollar Shave Club) : 성능의 차이가 크지 않은 면도기 시장에서 값비싼 질레트 면도기가 미국시장을 장악하고 있었는데, 면도날을 사러 가기 귀찮고 소모품에 비싼 값을 지불하기 싫은 고객들의 숨겨진 욕구를 자극하여, 회원가입을 한 고객들에게 상대적으로 저렴한 면도기를 시기에 맞게 배송하여 면도기 시장의 점유율을 상당부분 빼앗아 올 수 있게 되었다.

02 이마트 피코크 : 주부는 부족한 음식실력을 남들에게 보이기 싫고, 짧은 시간에 괜찮은 음식을 차리고 싶어하는 숨겨진 욕구가 있음에 아이디어를 얻어, 조리도 편하고 구색도 맞출 수 있는 상품을 제공하여 매출을 올리고 있다.

03 스타벅스 : 좋은 공간에서 시간을 보내고 싶어하는 고객들의 숨겨진 욕구를 파악하여, 커피를 마시는 고객들이 점포 안에서 오랜 시간 보내더라도 눈치 보이지 않는 분위기를 만드는 것을 모토로 삼아 매출증대를 이루고 있다.

04 직장인을 위한 영어스터디 사업 : 직장인들이 영어 공부를 한다는 표면적인 모습을 띄면서도, 다양한 인간관계를 만들고 싶어하는 숨겨진 욕구를 파악하여 직장인들이 참여하기 좋은 영어스터디 환경을 만들어 꾸렸다.

05 니콘의 아빠 카메라 : 카메라의 기능을 강조하는 것이 아니라, 가족들의 모습을 기록해 남기고 싶어하는 사람들의 숨어있는 욕구를 캐치해서 감정이입을 일으키고 소비자의 감성을 자극한 카메라 광고를 내었다.

06 페이스북의 좋아요 기능 : 단순히 자신의 일상을 알리고 공유하고자 하는 것에서 나아가서 사람들에게 관심 받고 싶은 숨어있는 욕구를 자극하고 있다.

4 숫자를 말하기 전에 객관적 기준 (Standard)을 미리 정하라

비즈니스 협상은 항상 가격과 물량 등 숫자를 동반한다. 협상 상대방에게 가격이나 물량 등 '숫자'를 이야기하기 전에 누가 봐도 공정한 '객관적 기준'을 먼저 정하고 협상에 임하기 바란다. 이런 객관적 기준은 시장가격, 제 3자의 결정, 관례 및 전통이 될 수 있다. 시장가격은 시장에서 인정하는 가격으로 부동산 포탈의 부동산 시세, 국제적으로 인정되는 물품의 가격 등을 들 수 있으며, 제 3자의 결정은 다이아몬드, 금 가격처럼 권위가 있는 감정사가 결정한 가격을 말하며, 관례 및 전통은 사회적으로 합의된 내용이나 오랜 세월에 걸쳐 정해진 내용이라고 보면 된다.

결혼을 앞두고 전세집을 구하거나, 매매를 원할 때, 우리는 부동산 사이트나 동네 공인중개사 사무소에서 대략적인 시세를 파악하게 된다. 집을 구할 때는 이러한 시세가 '객관적 기준'이 되는 것이며, 이 객관적 기준을 2억이라 한다면, 가격 제시를 할 때, *"이 아파트의 시세는 2억(객관적 기준)이지만, 저는 1억 9천(숫자)에 전세를 얻고 싶어요."* 라고 말하면서 협상을 시작 할 수 있다.

다른 예로, 삼겹살의 국제시세가 킬로그램(KG)당 4달러라고 가정하자. 수입업자인 비에이치앤컴퍼니는 '객관적 기준'인 국제가격 4달러보다 낮게 사고 싶어 한다. 이 때 *"삼겹살의 국제 시세는 4달러(객관적 기준)이다. 하지만 나는 3.8달러(숫자)에 사고 싶다."* 라고 말하면서 협상을 시작할 수 있다.

⑤ 논리적 근거를 협상에 활용하라

큰 소리로 협박하며 협상하는 사람, 논리적 근거로 무장하여 또박또박 자신의 의견을 개진하며 협상하는 사람 중, 누가 더 무서운 협상 상대인가. 당연히 후자가 무서운 협상 상대이다.

숫자를 말하기 전에 '객관적 기준'을 먼저 세우고 협상을 시작했다면,

진짜 협상은 '논리적 근거'를 바탕으로 목표가격을 제시한 이유를 설명하면서 시작된다. 협상은 데이터(Data)와 논리(Rationale)의 게임이며, 이것을 적절히 확보했을 때 협상의 우위를 선점할 수 있다. 데이터는 객관적 수치, 통계, 시장상황 등 누구나 수용할 수 있는 근거를 말하며, 데이터와 논리적 근거를 무기로 **디스카운트**(Discount) 또는 **프리미엄**(Premium) 전략을 통해 당신이 원하는 목표가격을 달성해야 한다.

"이 아파트의 시세는 2억(객관적 기준)이지만, 저는 1억 9천(숫자)에 전세를 얻고 싶어요." 라고 말하면서 협상을 시작했다. 이 때 단순히 *"개인적인 사정으로 돈이 조금 모자란데 깎아주세요."* 라는 감정적인 접근 보다, *"집이 20년이 넘었는데 신축이랑 가격이 비슷하네요.",* *"지하철역 너무 멀어요, 25분쯤 걸리는 것 같아요.", "조금 전에 보았던 아파트는 고층인데 2억이었는데, 이 집은 저층인데 가격이 같아요."* 등의 '논리적 근거'를 제시할 때 협상에 성공할 가능성이 높아진다. 이때 시세인 2억보다 1천만원을 싸게 구매하기 위한 전략이 '디스카운트' 전략이다.

"삼겹살의 국제 시세는 4달러(객관적 기준)이다. 하지만 나는 3.8달러(숫자)에 사고 싶다." 라고 말하면서 협상을 시작한 비에이치앤컴퍼니는 *"요즘 코로나 때문에 경기가 좋지 않아 수요가 15% 정도 줄었다", "중국도 경기가 예전 같지 않아 세계시장에 공급이 넘치지 않느냐."* 등의 '논리적인 근거'를 제시해 수출업자를 설득해야 한다. 국제 시세

BH와 Keken의 구매협상

	객관적 기준 (국제 시세)	Approach (숫자)	논리적 근거	
BH AND COMPANY	USD 4.0/Kg	USD 3.8/Kg	공급 15% 증가 중국 수요 감소	디스카운트 전략
Keken	USD 4.0/Kg	USD 4.2/Kg	고품질 수요 25% 증가	프리미엄 전략

가 4달러임에도 불구하고, 이보다 더 낮은 가격인 3.8달러에 구매하기 위해 설득하는 전략이므로 이는 '디스카운트' 전략이다.

반대로 수출업자가 기준가격인 4달러보다 높은 가격인 4.2달러를 받기 원한다면, *"너도 알다시피 우리 제품은 고품질이지 않느냐"*, *"그래서, 사려는 사람이 많아서, 공급이 딸린다."* 등의 논리를 펼쳐 가격을 더 받고자 해야 한다. 이 경우는 국제 시세가 4달러임에도 불구하고, 이보다 더 높은 가격인 4.2달러에 팔기 위해 설득하는 전략이므로 이는 '프리미엄' 전략이다.

직장인들의 연봉협상도 마찬가지다. 직장인들은 매년 연봉협상을 한다. 동종업계, 유사근무 년 수, 해당 직무를 가진 사람의 연봉정보(객관적 기준)를 기본으로, 당신의 실적, 직무평가 점수(논리적 근거)를 바탕으로 협상해보자.

6 당신과 상대방의 배트나(Best Alternative To a Negotiated Agreement)를 준비하고 분석하라

배트나(BATNA)란 '협상이 결렬되었을 때, 대신 선택할 수 있는 최상의 대안'을 의미한다. 모든 협상이 최초 당신이 생각한 결과대로 이루어질 수는 없기 때문에, 협상 이전에 배트나를 꼭 준비하고 분석해야 한다. 준비한 배트나를 협상에 이용하기 위해서는 다음 몇 가지를 고려해야 한다.

첫째, 협상을 시작하기 전에 자신의 배트나를 준비하고 분석한 후, 협상 중간에 이를 상대방에게 알려야 한다. 하지만, 노골적으로 노출하면 안 된다. 위의 돈육협상에서 비에이치앤컴퍼니의 배트나는 다른 수출업체로부터 물건을 수입하는 것이고, 케켄의 배트나는 다른 수입업체에게 물건을 파는 것이 된다.

비에이치앤컴퍼니의 경우 배트나를 알릴 때 "우린 너한테 안사고, 유럽에서 살거야" 라고 노골적으로 말하는 것보다, "요즘 유럽에 재고가 많은가봐, 코로나인데 자꾸 온라인 미팅하자고 연락이 오네, 그런데, 난 거절했어, 너랑 거래하려고" 라고 우회적으로 알릴 때 상대방의 기분을 상하지 않게 하면서 협상을 계속 할 수 있게 된다. 이때, 케켄은 어떤 생각을 하겠는가. '가격을 깎아주지 않으면, 유럽에서 구매 하겠구나' 라는 생각을 하며 조심스럽게 협상에 임하게 될 것이다.

케켄 입장에서도 배트나를 알릴 때 "너네한테 더 이상 독점을 주지 않고 다른데 팔거야." 라고 말하기 보다는, "요즘 한국에서 물건 달라고 이메일이 많이 오는데, 안된다고 했어, 비에이치앤컴퍼니가 한국 독점 수입업체니깐, 너네한테 팔고 싶어서" 라고 말하는 것이 더 효과적인 방법이 된다. 이 경우 비에이치앤컴퍼니는 '어라, 구매 안하면, 이 녀석들 다른 업체에 팔 수도 있겠는데' 라고 생각을 하며 케켄의 주장에 귀를 기울이게 될 것이다.

소개팅에 대해 생각해 보자. 상대로 나온 남학생이 너무 마음에 들어, 본인이 남자들에게 인기가 많다는 것을 알려, 질투심을 유발하고 싶다. 이때,

"저는 남사친이 굉장히 많아요"
"어제 도서관에서 공부하고 있는데, 모르는 남자가 쪽지를 놓고 갔어요"

두 개의 메시지 중 어떤 메시지를 줬을 때 남학생에게 질투심을 유발할 수 있을까. 노골적이지 않은 두번째 메시지를 보냈을 때 상대 남학생이 넘어올 확률이 높은 것은 자명한 사실이다.

배트나는 협상을 시작하기 전에 '미리' 준비해야 한다. 내일 협상인데 이제서야 부랴부랴 준비하거나, 협상이 이미 시작됐는데 그때서야 '배트나가 뭐지' 하며 고민해서도 안된다. 중요한 협상일수록 배트나는

미리미리 심도 있게 준비하자.

둘째, 상대방의 배트나를 면밀히 예상해보고 분석, 탐색하여 협상 중간에 협상상대가 자신들의 배트나를 노출할 때를 대비해야 한다. 상대방의 배트나에 대해서 분석하지 않고, 자신의 배트나만 준비한다면 '준비'의 효과가 반감되므로, 상대방이 어떤 배트나를 가지고 나올지에 대한 생각을 하고 그에 대한 대안을 준비하는 것이 무엇보다 중요하다. 상대방이 자신의 배트나가 지닌 가치를 낮게 생각하면 할 수록 협상 타결 가능성은 높아지게 된다. 만약, 자신의 배트나가 좋고 상대방의 배트나가 나쁘면, 협상을 최대한 지연하여 상대방이 양보하도록 만들어야 한다. 반대로, 자신의 배트나가 나쁘고 상대방의 배트나가 좋으면 협상을 빨리 진행하며, 내 배트나보다 상대의 제안이 좋을 경우 바로 수락하도록 한다.

셋째, 자신의 배트나가 좋지 않을 경우에는 제 3자를 이용하여 협상에 임한다. 이때 제 3자는 사람이거나, 아니거나 상관이 없으니 자신을 도와줄 사람이 없다면, 미디어, 여론, SNS 등을 이용해 상대에게 압력을 가하면서 협상에 임해보자. 이런 전략은 미국의 트럼트 대통령이 즐겨 사용하는 방법으로 협상을 하기 전에, 항상 자신의 트위터에 몇 문장을 남겨 놓고, 이에 반응하는 상대방이나 각국의 미디어를 살핀 후 협상에 임한다.

'홍콩 디즈니랜드' 사례를 생각해보자. 홍콩 정부와 미국의 디즈니

홍콩 디즈니랜드

(Disney)가 합작하여 '홍콩 디즈니랜드' 건설하기로 할 때, 디즈니는 홍콩 정부에게 매우 좋은 조건으로 계약을 해주겠다고 약속했다. 하지만, 공정이 절반 정도 진행된 후, 디즈니에서는 합리적이지 않은 추가 요구사항을 계속적으로 얘기하여 홍콩 측을 난감하게 하였다. 홍콩 정부에서는 이미 돈을 너무 많이 투자하였고, 홍콩 정부는 공사를 중단하겠다는 '적절하지 못한 배트나' 밖에 없었기에, 제 3자의 힘을 빌려 협상을 하게 된다. 그들이 이용한 제 3자는 '미디어와 국민'이었고, 미디어를 통해 *"디즈니에서 너무 많은 요구를 해오기에, '홍콩 디즈니랜드'를 완공할 수 없을 수도 있다."* 라는 내용으로 보도함으로서, 홍콩

국민들이 디즈니에 대한 분노로 가득차게 만들었다. 이를 본 디즈니는 요구조건을 철회하고 원래 계약 그대로 건설을 하였다. 배트나가 좋지 않았으나, 제 3자를 이용하여 협상을 성공적으로 끝낼 수 있었던 사례로 볼 수 있다.

▶ Practice 4　　일상 또는 사회에서 일어나고 있는 배트나 사례를 찾아라.

01　상품을 판매할 때 소비자가 구매 하지 않을 것 같으면, 이미 잘나가는 상품이고 얼마 남지 않았다고 어필한다.

02　연봉협상을 하는 중간에, 상사한테 다른 회사에서 스카웃 제의가 들어왔음을 은근슬쩍 알린다.

03　북한은 협상이 결렬되면 미사일 실험하는 것을 보여준다.

04　홈쇼핑에서 '매진임박'을 말하며 구매를 유도한다.

---

⑦ 윈-윈(Win-Win)을 추구하며, 질문하고, 인간관계를 맺어라

01 ┃ 윈-윈을 추구하자

상대방의 주관적인 만족도를 높이는 협상을 하자

윈-윈에 대한 몇 가지 오해가 있다. 첫 번째 오해는, 나의 요구와 상대방 요구의 중간에서 만나는 것이 윈-윈이라고 생각하는 것이다. 이는 잘못된 생각이다.

'나는 100만 원을 요구하고 상대방은 50만 원만 주려고 하는 상황에서, 결국 서로 양보하여 75만 원에서 합의를 하였다.'

이것은 윈-윈이 아니라 흥정이다. 나는 100만 원을 받고 싶었으나 25만 원을 양보하여 75만 원을 받았고, 상대방은 50만 원을 주고 싶었으나 25만 원을 더해서 75만 원을 준 것이다. 결국 양쪽 모두 자신의 목표를 달성하지 못한 루즈-루즈(Lose-Lose) 협상을 한 것이다. 윈-윈이라는 것은 나도 잃지 않고, 상대방도 잃지 않는 상황 하에서 또 다른 창조적 합의를 이끌어 내는 것이다.

두 번째 오해는, 나와 상대방이 반씩 정확히 나누는 것을 '윈-윈'이라고 생각하는 것이다. '윈-윈'이라고 해서 100이 있을 때 나와 상대방이 반드시 50 대 50으로 나눌 필요는 없다. 내가 60을 가져가고, 상대방이 40을 가지고 갔을 지라도, **상대방의 주관적 만족도를 높여 50을 가져갔다고 느끼게 한다면** 윈-윈이 될 수 있다. 여기서 주관적 만족도는 협상 시 상대방이 느끼는 편안함, 존경, 배려심 등이다. 이기는 협상이 아닌, 성공한 협상을 위해 노력하자.

쥐어짜는 협상은 최악의 협상이다

협상을 하면서 상대방이 손해를 봤다고 느끼는 순간, 그는 향후 기회가 오면 반드시 당신에게 복수를 하려고 할 것이다. 반대로 윈-윈 협상은 당신뿐만 아니라, 상대방에게도 좋은 뒷맛을 남기게 되므로 다음 협상은 더더욱 순조롭게 진행될 가능성이 높다. 그렇기 때문에, 협상을 유에프씨(UFC)[6] 경기를 하듯이 거칠게 할 필요가 없으며, 댄스(Dance)처럼 부드럽게 임하여, 항상 포지티브 섬 게임으로 만들기 위해 노력해야 한다.

02 | 질문하자

협상을 잘하는 사람은 **질문을 잘하는 사람**이다. 미련스럽게 경청만 하지 말고, 끊임없는 질문을 함으로서, 상대방의 욕구, 숨겨진 요구, 배트나 등을 파악해야 한다. 또한, 질문 자체를 협상 상대에 대한 관심의 표현이라고 생각하고, 질문을 통해 상대방과 가까워 질 수 있도록 노력해 보자. 이때, *"식사는 하셨지요?", "선적은 다음주에 되지요?", "A/S는 해 주실 거지요?"* 와 같은 닫힌 질문에 대한 답변은 *"예"* 혹은 *"아니오"* 로 끝나게 되어 대화가 이어지지 않게 된다. 이보다는 *"오늘 식사 어떠셨어요?", "선적은 어떻게 하실건가요?", "A/S는 왜 쉽지 않은 건가요?"* 처럼 질문에 '왜' 또는 '어떻게' 와 같은 의문사를 붙여 대화가 이어질 수 있게 하는 열린 질문을 해야 한다.

협상에서 질문을 많이 해야된다고 해서, 답변이 쉬운 질문만 한다면 당신이 정말로 필요로 하는 정보를 얻기 어려울 것이고, 상대가 당신을 가벼운 사람이라고만 생각할지도 모른다. 정작 중요하고, 협상에서 승패를 가를 질문은 아마도 '자신이 가장 답변하고 싶지 않은 질

---

[6] 유에프씨(UFC) : 1933년 창립한 미국 종합격투기 단체로, 2001년 데이나 화이트(Dana White)회장이 인수한 이후로 세계 최고의 MMA단체로 성장하였다.

문' 일 것이다. 반대의 경우도 동일하다. 따라서, 상대방과의 협상에서 질문할 것을 준비할 때에도, 업무와 협상에 관련된 '답변하기 어려운 질문을 준비'하는 것이 중요하다. "요즘 중국시장은 어때요?" 라는 질문보다는, "중국시장에 대한 제 견해는 팀장님과 다릅니다. 이에 대한 생각을 내수시장에 초점을 맞춰 다시 한번 설명해 주시겠습니까? 라고 말하는 것이 낫다. 또한, "코로나 때문에 매출이 줄었지요?" 보다는, "코로나 때문에 매출이 줄었을텐데, 품목별, 대륙별 매출현황은 어떻게 변했는지 설명해주겠습니까?" 와 같은 답변하기 어려운 질문을 준비하여, 당신이 필요한 정보를 얻고, 상대가 당신을 만만하게 보지 않게 만들어 보자.

03 ┃ 인간관계를 맺어라

협상 이슈에는 강하게, 협상 상대에는 부드럽게

협상은 원샷(One-Shot)게임이 아니라, 지속 가능한 것이기에 '인간관계'는 협상에 큰 영향을 미친다. 상대방 마음을 상하게 하고, 단순히 자신이 이기려고만 하는 협상을 했다면, 좋은 관계를 유지하는 것이 힘들며, 그것은 장기적인 비즈니스에도 나쁜 영향을 미칠 가능성이 높다. 하지만, 윈-윈 협상을 통해 기쁨을 서로 나눠 가졌다면, 서로에 대한 신뢰를 바탕으로 장기적인 **인간관계**는 자연스럽게 형성될 것이고, 이러한 인간관계를 협상의 토대로 삼아야 한다. 인간관계를 맺으라고 해서, 무조건 잘 보이려고 노력할 필요는 없으며, 모든 사람들이 좋아하는 보편적인 유형은 '꾸밈이 없는 사람'임을 명심하자. 당면해 있는 협상 이슈에는 단호하고 강하게 접근하되, 협상 상대인 '인간'에게는 부드럽게 접근하도록 노력해보자.

소프트뱅크(Softbank)의 회장 손정의씨와 알리바바(Alibaba)의 회장 마윈(Ma Yun)은 인간관계를 돈독히 유지하고 있는 사이로 유명하다. 2000년 손정의씨는 알리바바를 창업했으나 별 볼일 없던 마윈을 만나서 6분간 미팅을 끝낸 후, 바로 200억을 투자하게 된다. 그 후 손정의씨는 2014년 알리바바가 미국에 IPO를 하고 나서 투자금에 대해 2,500배의 차익을 남기게 된다. 지금도 알리바바의 대주주는 소프트뱅크이고, 소프트뱅크에서 만든 '페퍼(Pepper)'[7]라는 로봇을 공개를 할 때도(대부분의 여러분도 인식하지 못하고 있듯, 성공한 프로젝트라고 볼 수 없다), 바쁜 와중에도 마윈은 직접 참가하여 축하해 줄 정도로 좋은 관계를 유지하고 있다.

 8 ## NPT(Negotiation Preparation Table)를 만들어라

지금까지 협상을 위한 7가지 기본법칙을 살펴 보았다. 당신에게 중요한 협상이 있다면, 앞서 언급한 7가지를 '협상 전에' 반드시 생각해보고, 마지막 8번째 법칙인 NPT(Negotiation Preparation Table)를 만들어 보자. NPT를 준비한 다음, 협상에 임한다면 상대방보다 한 수

---

[7] 페퍼(Pepper) : 감정을 인식하는 휴머노이드 로봇으로 프랑스의 알데바란 로보틱스와 일본 소프트뱅크 모바일을 통해 개발되었고 2014년 6월 5일 첫 공개되었다.

멀리 볼 수 있는 힘이 생길 것이다.

아래의 표는 당신과 당신 친구가 수강신청을 할 때, '협상론'을 수강할 것인가, 아니면 '얼굴이미지경영'을 수강할 것인가라는 아젠다(Agenda) 즉, 주제를 두고 협상을 하는 것을 가정하였다. 두 과목은 실제로 숭실대 경영대학원에서 개설 되었던 과목이다.

수강신청에 대한 NPT : Negotiation Preparation Table 작성

구분	자기 자신	협상 상대
아젠다(Agenda)	수강신청	
요구(Position)	협상론	얼굴이미지경영
욕구(Interest)	협상에 대한 자신감	편하게 학점 이수
창조적 대안 (Creative Alternative)	두 과목 모두 수강하자	이번 학기는 얼굴 이미지경영, 다음 학기에는 협상론
숨겨진 욕구 (Hidden Interest)	지적인 이미지	결혼, 가족
객관적 기준(Standard) + 논리적 근거	협상교육비, 트랜드, 배워야 산다.	학점, 지난 학기 평판
가능한 배트나 (BATNA)	휴학할래	자퇴할래

당신의 요구는 '협상론'을 친구와 같이 수강하는 것이고, 상대방의 요구는 '얼굴이미지경영'을 당신과 같이 수강하는 것이다. 당신의 요구

뒤에 숨겨진 욕구는, 협상만 하면 항상 괴롭기에 이번 기회에 '협상론'을 수강하여 협상에 자신감을 갖는 것이며, 상대의 욕구는 어렵지 않은 과목을 수강해 쉽고 편하게 학점을 이수하는 것이다. 양쪽을 만족시키는 창조적 대안은 당신의 경우 두 과목 모두 수강 하자이며, 상대방은 이번 학기는 '얼굴이미지경영'을 다음학기에는 '협상론'을 수강하는 것이다. 당신의 숨겨진 욕구, 즉 가장 소중히 여기는 '가치'는 다른 사람에게 '지적인 이미지'로 보이는 것이며, 상대의 숨겨진 욕구는 조금은 늦은 나이인데 아직까지 짝을 만나지 못했기에 '결혼'과 '가족'이 될 수 있다. 당신의 객관적 기준과 논리적 근거는 외부기관에서 협상과정을 수강하면 100만 원이라는 거금이 든다는 것과 현재 협상을 배우는 것이 트랜드 라는 것이고, 상대는 학점을 후하게 준다는 것과 강의가 재미있다는 지난 학기 평판을 들 수 있다. 협상이 결렬되었을 때 선택할 수 있는 당신의 배트나는 친구와 수강신청을 같이 하지 않고 휴학하는 것이고, 상대방은 학교를 다니지 않고 자퇴하는 것이다.

이러한 NPT를 협상에 임하기 전에 미리 준비하고, 분석하면, 실제 협상에서 상대방의 의중과 심리 등을 파악하기가 수월해져서, 자신에게 유리한 방향으로 협상을 이끌 수 있게 된다. 아주 쉬운 아젠다 5가지를 선정하고, 위와 같은 NPT를 작성해 본다면, 다음 협상 전 자연스럽게 NPT부터 생각하게 되는 여러분을 만나게 될 것이다.

아젠다 즉, 주제를 선정하여 NPT(Negotiation Preparation Table)를 작성하라.

구분	자기 자신	협상 상대
아젠다(Agenda)	진로설정	
요구(Position)	가수	의사
욕구(Interest)	자기가 하고 싶은 일 (자아실현)	안정적인 생활
창조적 대안 (Creative Alternative)	음대 진학	의사 하면서, 가수생활
숨겨진 욕구 (Hidden Interest)	경제력, 유명세	대리만족, 자식 성공
객관적 기준(Standard) + 논리적 근거	연간 수입, 성공한 가수	연봉, 잘 사는 의사 친척
가능한 배트나 (BATNA)	가출	재정지원 없음

구분	자기 자신	협상 상대
아젠다(Agenda)	스포츠	
요구(Position)	(혼자하는) 스쿼시	테니스
욕구(Interest)	집중, 정신수련	사교활동
창조적 대안 (Creative Alternative)	스쿼시 동호회를 들어간다	둘 다 한다
숨겨진 욕구 (Hidden Interest)	멋스러움, 인정의 욕구	건강
객관적 기준(Standard) + 논리적 근거	레슨비, 유니크함	그룹 레슨비, 스포츠는 그룹
가능한 배트나 (BATNA)	다른 친구랑 할거야	태권도를 배우겠다

설득(Persuasion)
이란 무엇인가

> ## 설득과 협상은
> ## 다른 것이 아니다.

3장

설득(Persuasion)이란 무엇인가

① 협상 천재의 요건

아래 네 가지는 협상에 꼭 필요한 요건들이다. 협상 교육이 보편화 되어 있는 선진국 국민들의 경우 '철저한 협상준비'를 협상에서 제일 중요한 요건으로 망설임 없이 선택한다. 그럼, 대한민국 국민들은 어떤 요건을 선택하리라고 생각하는가.

1. 철저한 협상 준비
2. 협상 이슈에 대한 지식
3. 협상 경험
4. 경청하는 능력

필자의 협상 강의를 수강했던 375명의 대학생들을 대상으로 설문조사를 한 결과, 절반에 가까운 48퍼센트(180명)의 학생들이 '경청하는 능력'을 선택했으며, 뒤를 이어 35퍼센트(131명)는 '협상 경험'을, 12퍼센트(45명)는 '협상 이슈에 대한 지식' 그리고 마지막 5퍼센트(18명)만이 '철저한 협상 준비'를 협상에서 가장 중요한 역량으로 골랐다. 아마 여러분도 마찬가지였을 거라고 생각한다. 하지만, 협상에 있어서 가장 중요한 사항은 '철저한 협상 준비'가 맞다.

┃한국인의 관점에서 본 '협상에서 중요한 요소'

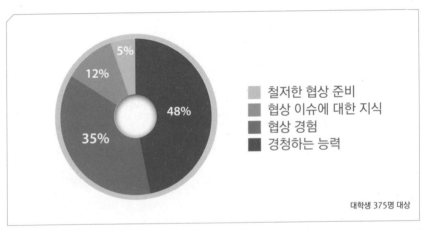

대학생 375명 대상

© 더와이파트너스, 2020년

48퍼센트가 선택한 '경청하는 능력', 물론 중요하다. 하지만, 듣기만 하고 말을 하지 못한다면 그것은 총알 없는 총과 같다. 질문(말)을 통해 상대방의 욕구가 무엇인지, 숨겨진 욕구가 무엇인지, 배트나(BATNA)가 무엇인지 찾아야 하는데 경청만 한다면, 상대가 바보라서 모든 정보를 알아서 제공하지 않는 한 찾아낼 도리가 없다. 협상의 기본은

'내 의견을' 나에게 유리한 방향으로 상대방에게 전달하는 것이지, '경청'만으로 모든 것을 해결할 수 있는 것은 아니다. 대한민국은 유교문화이기에 내 의견을 제시하기보다는, 듣는 것 즉 '경청'을 미덕이라고 추앙했기에, 자아가 확립되지 않은 유치원 시절부터 '의견을 제시' 하는 것보다, '경청이 중요하다'라는 교육을 받다 보니 이런 결과가 나온 것이라고 생각된다. 궁금한 것이 있더라도, 다른 사람의 이목이 무서워 수업 시간에 손들고 '질문' 하지 못하고, 용기를 내어 강의가 끝나갈 무렵 질문을 하면 주변 친구들이 눈총을 주니 또 다시 질문을 하지 못한다. 얼마나 한심한 행태인가.

궁금한 것이 있으면 질문하는 3살짜리 조카

필자에게는 만 4살하고 3개월이 된 어여쁜 조카가 한 명 있다. 2년 전

에 매제가 해외주재원으로 발령을 받아서 영국으로 이동하면서 타국 생활을 시작했고 지금은 폴란드에 거주하고 있다. 어린 조카는 영국과 폴란드 국제학교를 다니면서 궁금한 것이 있으면 손을 들어 '질문'하는 습관이 생겼다. 손을 들지 않으면 수업시간에 말을 할 수 있는 기회를 주지 않고, 손을 들어 본인의 의견을 말하도록 유도하는 교육방식에서 얻은 습관이다. 조카는 올해 7월 코로나를 피해서 한국으로 들어와 3주 정도 한국 유치원에 다니면서, 해외에 있을 때처럼 수업 도중 궁금한 것이 있어서 손을 들었다. 그런데, 선생님께서는 어린 아이가 궁금하다고 손을 드는 그 행위 자체를 불편해했고, 이를 알아챈 조카는 단 3주 만에 그간의 습관을 버리고 다시는 수업시간에 손을 들어 질문을 하지 않았다. 씁쓸하다. 하고 싶은 말, 전하고 싶은 의견이 있으면, 자신 있게 질문하고, 발언하는 문화를 만들어야 하며, 이것이 협상을 잘 하기 위한 기본 조건이라고 생각한다.

협상에서 경청만 하고 있다면, '저 사람은 본인 주장도 못하는 바보다'라는 인식을 협상 상대에게 주기 십상이다. 협상에 있어서 궁금하면 질문하고, 상대방을 설득하고 싶다면 똑 부러지게 논리적으로 발언할 수 있는 대한민국 국민이 되기를 바란다.

두 번째로 많이 선택한 '협상 경험'이 가장 중요했다면, 평범한 사람들이 하루에 400번 정도의 협상을 알게 모르게 하기에, 대한민국의 최고 협상 전문가는 연세 많으신 할아버지나 할머니라 할 수 있겠다. 아무리, 협상 경험이 풍부하더라도 '협상 준비'가 전혀 되지 않은 사람은, '철저한 협상 준비'가 된 협상 초보자의 경쟁상대가 되지 못한다. 경험을 완전히 무시할 수는 없겠지만, 경험보다 중요한 것은 '철저한 협상 준비'임을 잊지 말자. 협상에 임하기 전에 NPT를 준비하고, 분석하여 상대방의 욕구가 무엇인지, 창조적 대안이 무엇인지, 나의 배트나와 상대방의 배트나는 무엇인가 등을 철저하게 준비하고 협상장에 들어간다면 협상 경험이 다소 부족하더라도, 우리는 협상에서 승리할 수 있게 된다.

세 번째로 선택한 '협상 이슈에 대한 지식'은 철저한 협상 준비를 할 때 자연스럽게 얻어지는 결과이므로 논의의 대상조차 되지 못한다.

협상은 '준비된 자'와 '그렇지 못한 자'의 싸움이다. 협상 천재가 되기 위해서는 '철저한 협상 준비'만이 살길이며, 언제나 준비된 사람이 이긴다.

2 설득의 기술

01 아리스토텔레스의 설득

커뮤니케이션의 목적은 상대방을 설득하는 것이다. 아리스토텔레스는 지도자가 가져야 할 최고의 덕목을 '설득'이라 했으며, 설득의 목적은 타인을 움직이는 것이라고 주장했다.

아리스토텔레스 설득의 3요소

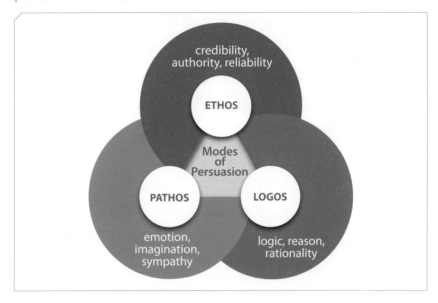

그는 설득의 3 요소로 로고스(Logos), 파토스(Pathos), 에토스(Ethos)
를 제시했는데, 로고스는 그리스어로 이성이란 뜻으로 설득하려는 사
람이 전하고자 하는 메시지의 논리(Logic), 이유(Reason) 등을 말하
며, 논리가 결여된 설득은 불가하다고 했다. 파토스는 감성이란 뜻으
로, 청중의 감정(Emotion), 심리상태(Imagination), 공감(Sympa-
thy) 등과 관련이 있어, 논리가 조금 부족할 지라도 상대방과 공감하
고, 그들의 마음을 열 수 있으면 설득이 가능하다고 말한다. 에토스
는 고유성품이란 뜻으로 설득하려는 사람의 인격(Credibility), 신뢰
(Reliability), 카리스마, 도덕성, 매력, 성품 등을 말하며, 누가 이야기
하느냐에 따라 설득이 될 수도 있고, 되지 않을 수도 있음이 이 때문이
며, 아무리 말을 잘해도, 도덕성이 부족하면 설득이 불가능하다고 이

야기한다. 이 세 가지는 연설을 구성하는 기본 요소인 메시지, 청중, 연사와도 일치하는 것으로, 이 세 가지가 서로 어우러져 조화를 이룰 때 설득의 효과를 극대화할 수 있으며, 셋 중 제일 중요한 것은 에토스이다.

02 ┃ 로버트 치알디니(Robert Cialdini)[8]의 설득

애리조나 주립대학 심리학과 석좌교수인 로버트 치알디니(Robert Cialdini)[8]는 '설득의 심리학'이란 명저를 통해서 상대에게 이용당하지 않고, 원하는 방향으로 일이 풀리게 하는 '설득'의 힘에 대해 설명했다. 그는 보편적으로 적용 가능한 6가지의 설득의 원칙인 상호성(Reciprocity), 희귀성(Scarcity), 권위(Authority), 일관성(Consistency), 호감(Liking), 사회적 증거(Consensus)의 원칙을 소개했고, 이 6가지 원칙들을 이해하고 윤리적으로 적용한다면, 다른 사람을 설득할 가능성이 현저하게 높아진다고 했다. 각각의 원칙들에 대해 알아보자.

1) 상호성의 원칙 ➜ 상대에게 먼저 주어라(단, 예상치 못하는 것을)

어디를 가든, 누굴 만나든, 보편적으로 적용할 수 있는 첫 번째 설득의 원칙은 **상호성**으로, '빚지곤 못 산다' 혹은 '기부 앤 테이크(Give and Take)'와 일맥상통한다. 누군가로부터 호의, 즉 선물이나 서비스를 제

---

[8] 로버트 치알디니(Robert Cialdini) : 1945년생인 치알디니 박사는 애리조나 주립 대학교 교수이자 <설득의 심리학>의 저자로 잘 알려져 있으며, 이는 뉴욕 타임즈가 선정한 경영 베스트 셀러이다.

공 받았다면, 그것을 다시 돌려 주어야 하는 의무감을 느낀다는 것이다. 친구의 파티에 초대 받았다면, 다음 번 여러분의 파티에 그 친구를 초대해야 하는 의무를 가지게 된다. 마찬가지로 동료가 호의를 베풀었다면, 당신은 동료에게 호의 한 건을 빚지게 되는 것이다. 이 맥락에서 보면, 자신이 빚진 사람에게 '예스'라고 답할 가능성이 커지게 된다.

여러분이 해외여행 중 음식점에 갔을 때, 웨이터가 계산서를 가지고 오면서 쿠키나 사탕 하나 같은 작은 선물을 줄 때가 있었을 것이다. 여기서 질문 하나 해보자. '사탕 하나가 여러분이 남길 팁에 영향을 미칠 수 있을까?' '설마'라고 생각할 수 있겠지만, 식사 후 손님 각각에게 사탕 하나씩을 주었을 경우, 팁이 약 3% 정도 상승하는 것으로 나타났다. 더 재미난 것은 사탕을 두 배로 줄 경우, 팁이 두 배로 뛰지 않았다는 것이다. 오히려, 4배 이상 약 14%가 상승하였다. 더 재미난 사실이 있다. 웨이터가 처음에는 사탕 하나씩 주고, 테이블을 떠나다가 다시 돌아와 *"정말 좋은 분들이신 거 같은데, 특별히 사탕 하나를 더 드리고 싶습니다."* 하고 말했더니, 팁이 24%까지 올라갔다. 여기서 주목할 점은, '무엇을 주느냐'가 아니라 '어떻게 주느냐' 라는 것이다. 상호성 원칙의 핵심은 '먼저 주라는 것'으로 개인의 취향을 맞추고, 예상치 못한 것을 주는 것이 중요하다.

비에이치앤컴퍼니에는 필자와 10년 넘게 같이 일하면서, 친형제처럼 지내는 '임OO 이사'가 있다. 수년 전 우연히 그가 인터넷으로 자동차를 검색하는 것을 본 적이 있다. '저 녀석이 심심하구만' 이라고 생각을 하고, 못 본척 했는데, 다음날도 계속해서 검색하기에 물어봤다. *"임이사, 차 바꾼지 얼마 안 됐잖아, 뭐 하러 검색해?"* 했더니, *"아, 아버지 차가 오래 돼서, 바꿔드리고 싶은데, 너무 비싸서 망설여집니다."* 라고 했다. 가끔은 속 썩이지만, 항상 성실하고, 친형제처럼 따르는 녀석이기에, '깜짝 선물을 한번 줘봐?' 하는 마음으로, 임이사 몰래 차량을 구매한 후, 열쇠를 건네며, *"이거 선물이야, 아버님 가져다드려"* 라고 했더니, 산만한 덩치를 가진 임이사는 감동한 듯 눈가에 눈물을 살짝 보이며 *"고맙습니다."* 를 연발했다. 그전에도 그랬지만, 그 이후로 임이사는 달랑 몇 살 많은 필자를 진심으로 위하며, 어려운 일, 힘든 일이 있을 때마다 만사를 제쳐놓고 필자를 도왔다. 달랑 차 한대 사줬기에 임이사가 감동해서 그랬겠는가. 아니다. 본인이 원했던 것도, 바라는 것도 아니었지만, 필자가 먼저 선물을 했으며, 그 선물이 임이사가 전혀 예상하지 못했던 선물이었기에 감동한 것이고, 그로 인해 임이사는 필자에게 '감동'이라는 빚을 졌다고 생각하기에, 지금까지 그 이상으로 갚아주고 있는 것이다. 이처럼 상호성의 법칙을 설득에 적용하기 위해서는 **'상대방에게 무엇인가를 먼저 주어야 하고'**, 그것이 **'상대방이 예상치 못하는 것'**일 때 더 큰 효과를 줄 수 있다.

2) 희귀성의 원칙 → 상품, 서비스를 제안할 때, 상대방이 얻게 되는 것과 거절 시 손실까지 알려라

두 번째 설득의 원칙은 희귀성으로 '드문 것일수록 매력 있다', '사람들은 갖기 힘든 것을 더 갖고 싶어 한다.' 로 설명할 수 있다. 다이아몬드는 먹을 수 있는 것도 아니고, 살면서 필요한 것도 아닌 데 왜 비싸

게 팔리는가. 쉽게 구할 수 없으니까, 많은 돈을 지불하면서 소유하고 싶어 하기 때문이다. 희귀성의 원칙은 마케팅에서 많이 사용된다. 홈쇼핑에서는 *"매진 임박입니다. 얼마 남지 않았습니다.", "100 사이즈는 매진이고요, 105 사이즈도 몇 장 남지 않았습니다."* 라고 하는 멘트가 희귀성을 강조해 소비자의 구매를 유도하는 것이다. 유명 브랜드에서 *"3일 간의 특별한 기회, 딱 3일만 30% 할인 판매합니다"* 하고 마케팅하는 것 또한 희귀성을 강조하는 판매전략이다. 이는 무언가를 금지할 때, 사람들은 그 금지한 것을 더 하고 싶어 하는 마음으로도 설명된다. '로미오와 줄리엣'은 원수의 집안이라 사랑하는 연인이 될 수 없다며 부모들이 두 사람이 만나는 것을 금지하니, 세상에 널린 게 남자고 여자인데 다른 사람은 만나 볼 생각을 하지도 않고 죽음을 택하게 된 것이다.

2003년 브리티시 항공사는 런던 뉴욕 간 콩코드 여객기 운항을 중단하겠다고 밝혔고, 그 이유는 돈이 안되기 때문이었다. 하지만, 다음날 이 콩코드 노선의 매출은 폭발적으로 증가하였다. 콩코드 여객기 자체가 더욱 빨리 나는 것도 아니고, 서비스가 갑자기 좋아지는 것도 아니고, 티켓이 싸진 것도 아니었다. 단순히 이 여객기가 갑자기 희귀해졌기 때문에, 사람들이 더욱 원하게 된 것이다. 설득에 있어서 희귀성의 원칙을 사용할 때는 '누군가에게 상품과 서비스를 제안할 때, 상대방이 얻게 되는 것(희귀하다는 것)과, 제안을 받아들이지 않을 시 입게 될 손실까지도 알려 주는 것'이 포인트다.

케켄의 냉장 돈육 수출 담당자는 리고(Rigo)라 불리는 친구이며, 해외 영업 경력은 15년 정도로 직관을 바탕으로 강한 협상을 하는 것을 특징으로 한다. 이 친구는 항상 협상을 할 때 *"이번에 냉장 돈육을 구매하면, 넌 한국 시장을 선점할 수 있을 것이다(희귀).", " 만약 구매하지 않으면, 그 물건은 중국으로 보내게 될 것이고, 그럼 넌 시장을 만들 기회를 잃게 될 것이다(손실)."* 라는 식의 주장을 자주한다. 희귀성의 원칙을 이용하며 설득하려 하는 것이다. 그렇다. 희귀성의 원칙을 적절하게 이용하기 위해서는 '내 상품을 사면 얻을 수 있는 것이 무엇이며, 사지 않을 경우 넌 이러한 점에서 손실이다'라는 것을 정확히 알려야 한다.

3) 권위의 원칙 → 제 3자를 통해 전문가라는 신호를 보내라

세 번째 설득의 원칙은 권위이다. 사람들은 권위있는 사람을 쉽게 믿는 경향이 있으며, 불확실한 상황에서는 신뢰할 수 있는 전문가의 의견을 따르게 된다. 4차선 교차로에서 신호등이 고장 났을 경우 우리는 평상복을 입고 있는 아저씨의 지시를 따르기보다는, 유니폼을 입고 수신호를 하는 경찰의 지시를 따르게 된다. 주차요금을 받을 때, 평상복을 입은 사람이 요청할 때 보다 제복을 입은 사람이 요청할 때 더 순순히 지불하는 것도 바로 이 권위의 원칙 때문이다. 드라마에서 신뢰가 가는 의사 역할을 했던 연기자가, 광고에서 건강식품을 파는 사람으로 나오게 되면, 왠지 모르게 신뢰감이 가는 것도 같은 이유 때문이다. 신호 대기를 하고 있는 앞차가 출발을 늦게 하는데 그 차가 고급차일 경우에는 조금 늦게 클락션을 누르고, 경차일 경우 기다리지 않고 클락션을 바로 누르는 것도 권위의 법칙에 근거한다. 만약, 환자들이 물리치료사가 권장하는 운동을 더 잘 따르게 하려면 어떠한 방법이 있을까. 치료실에 자격증이나 면허증을 걸어 놓으면 더욱 효과적일 것이다.

이러한 권위의 법칙을 설득에 이용하기 위해서는 설득을 시도하기 전에 '여러분이 신뢰할 만한 전문가란 신호를 보내는 것'이다. 이때, 자신이 얼마나 신뢰할 만한 사람이고, 똑똑한 사람인지 잠재 고객에게 스스로 떠들고 다닐 수는 없으므로, 제 3자를 이용하여 자신의 똑똑함을 대신 알리는 것이 바람직하다.

한 부동산 중개업체는 약간의 변화를 통해 부동산 감정 건수뿐 아니라 계약건수도 늘릴 수 있었는데, 비법은 바로 고객 문의에 대한 리셉션의 응대 방식의 변화 때문이었다. 즉, 리셉션에서 직원들의 전문성에 대해 먼저 언급하고 나서, 담당 직원에게 전화를 연결했던 것이다. 예를 들어, 고객이 임대 건으로 문의하면, *"정명씨가 임대 분야 경력이 15년 넘으니 잘 도와줄 것입니다. 연결해드릴게요"* 라고 한다. 또, 부동산 매매 건으로 문의하면, *"형곤씨가 20년 매매를 담당했거든요, 전화 돌려드리겠습니다."* 라고 응대했다. 이렇게 전문성을 언급하는 응대 방식으로, 고객 면담 건수는 20% 상승했고, 계약 건수도 15%나 증가했다.

회원 수가 30 여명 정도 되는 '일산 골프 사랑'이라는 골프 모임이 있었다. 회원들 모두가 골프 고수들이었으며, 연령은 필자보다 위인 형님, 누님들이 대부분이었다. 필자도 골프를 못하는 편이 아니라, 저녁 식사 때 골프 이야기가 나오면 이런, 저런 의견을 피력했었는데, 그때마다 *"넌 나이도 어리고, 골프도 나보다 못하잖아. 내 말 들어"* 라곤 했었다. 그러던 중, 필자가 숭실대 경제학과 겸임교수로 임용된 지 얼마 되지 않았던 어느 날, 여느 때와 마찬가지로 저녁 모임을 가지게 되었다. 식사 도중, 친구 한명이(제 3자) 필자가 겸임교수로 임용되었음을(전문가) 다른 회원들에게 알렸고, 평소처럼 골프 이야기가 나올 때 내 의견을 피력하게 되었는데, 이때의 반응은 그 전과 확연히 달라졌다. 똑같은 이야기를 했을 뿐인데, *"맞아, 배교수 말이 맞지, 역시 똑똑해"* 무슨 변화가 있었는가. 필자의 골프실력과 발언은 변화가 없었지만, 그들에겐 필자가 가지고 있는 '교수'라는 타이틀이 골프에 대한 전문지식까지 있는 것으로 받아들여졌기 때문이다. 이처럼 권위의 법칙은 실생활에서도 적용된다. 이 원칙을 협상 상대에게 이용하기 위해서는 '제 3자를 통해 전문가라는 신호를 보내는 것'임을 잊지 말자.

4) 일관성의 원칙 → 설득 이전에 상대방을 작게라도 개입시키자(서면)

네 번째 설득의 기술은 **일관성**으로 '처음 결정이 끝까지 간다'라는 의미이며, 사람들은 자신이 과거에 했던 발언이나 행동과 일치된 모습을 보이려는 습성이 있다는 것을 배경으로 한다. 때문에, 사람들은 '하찮은 요청'은 큰 거부감 없이 들어주는 경향이 있으며, 나중에 그것과 관련된 제대로 된 요청에 대해선 자신에게 큰 이익이 없더라도 거부하기가 힘들어 받아주는 경우가 많게 된다는 원칙이다.

설득에 있어 일관성의 원칙이 효과가 있으려면, 설득 이전에 상대방을 작게라도 개입시키는 요소가 있어야 한다. 두 개의 다른 동네에 '안전운전 표지판'을 마당에 설치하는 캠페인을 진행한 실험이 있다. 한 동네에서는 소수의 주민들만이 마당에 보기 흉한 안전운전 표지판 설치에 동의했으나, 다른 동네에서는 무려 4배나 많은 주민들이 표지판을 세우는데 동의했다. 왜 다른 결과가 나왔을까. 그 비결은 두 번째 마을에 10일 전 주민들이 집 앞 유리창에 '작은' 안전운전 스티커를 붙이는데 동의했기 때문이었다. 즉, 이 작은 카드가 주민들을 캠페인에 '개입'시키는 요소였고, 주민 참여율 400% 상승이라는 엄청나고 일관성 있는 변화를 이끈 것이다. 따라서, 일관성의 원칙을 활용하여 설득할 때에는, 자발적이고, 적극적이고, 또 공개적인 '개입'을 활용하자. 이런 개입 요소를 '서면'으로 쓰게 할 수 있다면 더 효율적이다.

한 병원이 있다. 그 병원은 예약을 하고 내방하지 않는 환자들 때문에 골머리였는데, 어느 날부터 병원 예약시간을 지키지 않는 환자들의 비율이 18퍼센트 감소하게 됐다. 단 하나만 바꿨을 뿐인데 말이다. 이는 예약카드에 병원 직원이 아닌 환자가 직접 예약시간을 적게 했기(서면) 때문이다.

필자는 더와이파트너스라는 소셜벤처를 운영하고 있다. 2014년 봉사 단체로 시작했고, 현재는 CSR/사회 공헌 컨설팅, 교육서비스, 취업/창업 컨설팅을 주 종목으로 한다. 특히 취업에 있어서는 지금까지 15,000여 명의 학생들을 무료로 컨설팅 해오고 있으며, 자그마한 목표는 무료 컨설팅을 통해 취업을 하게 된 주니어들이 멘토가 되어, 자신들의 후배들을 도와주는 '선순환'을 만드는 것이었다. 하지만, 대부분 학생들이 취업을 하게 되면, 그 뒤부터는 서로 '남'이 되어 부탁을 해도 도와주는 경우는 거의 없는 안타까운 상황이 현실이다. 보통 취업 컨설팅을 하면, 취업특강, 직무특강, 자소서 첨삭, 1박2일 모의면접 순으로 진행이 된다. 이때, 주니어 멘토에게 가장 쉽게 느껴지는 취업특강(작은 개입)을 부탁하게 되면 큰 거부감 없이 승낙을 하는 경우가 많다. 그 후에 직무특강, 자소서 첨삭을 부탁하고, 최종으로 1박2일의 모의면접을 요청하게 되면 본인들에게 이익이 없어도 기꺼이 주말을 포기하고 도와주는 경우가 종종 나오게 된다. 이 또한, 일관성의 원칙을 적용한 것으로, **설득 이전에 상대방을 작게라도 개입시킨 것이다.**

5) 호감의 원칙 → 공통점을 찾고, 칭찬하고, 비즈니스에 임하자
다섯 번째는 **호감**이다. 사람들은 자신이 호감을 갖고 있는 이에게 '예스'라고 답할 확률이 높다. 상대방에게 호감을 줄 수 있는 세 가지 중요한 요소들을 있는데 첫 번째는 신체적 매력이 있는 경우이다. 예쁘면 착하다고 믿고, 잘 생기면 똑똑해 보인다는 **후광효과**(Halo Effect)

가 존재하기 때문이다. 두 번째, 사람들은 자신과 비슷한 사람 즉, 사소한 공통점이 있는 사람에게 호감을 가진다. 그렇기 때문에 지연, 혈연, 학연을 내세우는 풍조가 통하는 것이다. 마지막으로, 사람들은 자신을 칭찬해 주는 사람에게 호감을 가진다. '칭찬은 고래도 춤추게 한다'라는 말이 한때 유행하였던 것과 맥락을 같이 한다.

두 그룹의 학생을 대상으로 협상에 대한 연구를 진행했다. 양쪽 모두 명문대 학생들로, 한 그룹은 '바로 협상을 시작하십시오'라고 지시를 받았고, 그 결과 55%가 서로 합의에 이르렀다. 두 번째 그룹은, 협상에 들어가기 앞서 상대방과 개인적 정보를 공유하고 서로의 공통점을 찾아낸 후 협상을 시작하라는 지시를 받았고, 그 결과 약 90%가 성공적인 합의에 도달했다. 이처럼 설득에 있어 호감의 원칙을 잘 활용하려면 **'다른 사람과의 공통점을 찾은 후, 진실된 칭찬을 건네고'**, 비즈니스에 들어가면 된다.

6) **사회적 증거의 원칙** ➡ 다른 사람이 이미 하고 있는 행동을 알려라
마지막 설득의 원칙은 **사회적 증거**이다. 유명인이 입고 나오는 의류나 화장품이 유행을 만들거나 트렌드를 선도하는 경우가 많다. 이는, 그만큼 '남이 하는 것을 따라하는 사람이 많다'는 얘기다. 사람들은 확신이 없는 경우, 다른 사람의 행동을 보고 자신의 의사를 결정한다.

호텔에 갔을 때, 화장실에 작은 안내카드를 걸어 두고, 객실 손님에게 수건과 침대 시트를 재사용하도록 설득하는 것을 본 적이 있을 것이

다. 대부분의 호텔은 수건 재사용이 가지고 오는 환경보호 효과로 투숙객의 관심을 끌려고 노력하고 있고, 이는 사실상 매우 효과적인 전략으로 수건 재활용을 15퍼센트 이끌어냈다. 그런데 이보다 훨씬 효과적인 방법도 있다. "투숙 고객 중 75퍼센트는 수건을 재사용하고 있습니다. 고객 여러분의 협조 부탁드립니다(이미 다른 사람들도 하고 있다)." 라고 사회적 증거의 원칙을 활용하여 안내 카드에 간단한 내용을 추가하면 된다. 그랬더니 무려 수건 재사용률이 26퍼센트나 증가했다. 여기서 주는 메시지는 자신의 능력으로만 다른 사람들을 설득하기보다는 '다른 사람들이 이미 하고 있는 행동을 보여주는 것이 훨씬 더 효과적이라는 것'이다. 특히, 자신과 유사한 사람들의 행동을 예로 든다면 더욱 효과적이다.

폴란드 브로츠와프(Wroclow)[9] 지역 중심지에 르넥(Rynek) 광장이

[9] 브로츠와프(Wroclow) : 폴란드 서남부 돌노실롱스키에주의 주도이며 유네스코 세계유산으로 등재된 백주년 홀, 메인마켓 광장 등 많은 명소, 유적들이 있다. 또한, 첨단산업, 중공업이 발달하여 폴란드에서 바르샤바에 이어 두 번째로 소득이 높은 도시이다.

있다. 여느 유럽에 있는 광장과 마찬가지로 날씨가 좋아지니 젊은 음악가들이 연주를 하며, 자선기금 혹은 그들의 생활비를 모으고 있었다. 이제 막 3살이 된 조카 손을 잡고 연주를 듣고 있는데, 5살쯤 되어 보이는 꼬마가 종종걸음으로 그들 있는 곳으로 다가가더니 앞에 놓여 있는 '기타 케이스'에 동전 몇 개를 살며시 넣는다. 그때 조카가 물었다. *"삼촌 저 오빠는 왜 저기에 뭘 넣는 거야?"* 그래서 *"언니 오빠들이 불쌍한 사람 돕기 위해서 연주를 하고 있는 거고, 저 5살짜리 오빠는 불쌍한 친구들 도와주라고 돈을 넣는 거야"* (사실 조카는 너무 어려서 '연주', '돈'이라는 개념을 모른다) 그랬더니, 동전을 달라고 하곤, 종종걸음으로 다가가서 미소 지으며 기타 케이스에 동전을 살포시 넣는다. 3살짜리 어린아이도 다른 꼬마가 착한 행동을 하니 바로 따라하는, 이것이 바로 사회적 증거의 원칙이다. 사회적 증거의 원칙을 설득에 이용하기 위해서는 다른 사람이 이미 하고 있는 행동이라고 알리면 된다.

케켄의 리고(Rigo)는 비에이치앤컴퍼니와의 계약이 원활히 진행되지 않으면, *"너만 빼고 모든 국가가 다 계약했어"* 라는 간단한 사회적 증거의 원칙을 활용한다. 물론 비에이치앤컴퍼니도 국내 거래처에게 물품을 판매 할 때 *"사장님만 빼고 다른 거래처는 이미 물건 출고했어요"* 라고 얘기한다. 이처럼 협상에서 사회적 증거의 원칙은 우리가 인식하지 못하는 사이에 부지기수로 사용되고 있다.

지금까지 여섯 가지 설득의 원칙을 살펴보았다. 이 여섯 가지 원칙은 작지만 실용적이고, 비용도 들지 않는 변화를 활용해서, 매우 윤리적인 방법으로 여러분의 영향력을 크게 높여줄 수 있다. 여러분이 협상으로 상대방을 설득하는데 있어, 이 여섯 가지 원칙들을 사용해 보기 바란다.

설득의 6가지 원칙

1	상호성의 원칙	4	일관성의 원칙
2	희귀성의 원칙	5	호감의 원칙
3	권위의 원칙	6	사회적 증거의 원칙

4장

스트롱 네고시에이터 (Strong Negotiator) – 협상심화

> **준비하고, 연습하고,
> 배우는 사람이
> 협상에서 승리한다.**

4장

스트롱 네고시에이터
(Strong Negotiator)
- 협상심화

지금까지 성공적인 협상을 하기 위한 기본적인 사항들에 대해 알아보았다. 이번에는 스트롱 네고시에이터(Strong Negotiator)가 되기 위한 협상심화 내용이므로, 이 방법들을 활용하여 성공적인 협상을 할 수 있도록 해보자. 아래 내용은 필자가 지난 24년 동안 수 많은 비즈니스 거래처들과 실전 협상을 하면서 배운 상호 윈-윈하는 협상의 노하우(Knowhow)로서, 협상준비, 상대방 관점, 창조적 대안과 배트나, 협상 팁(Tip) 4개의 큰 부분으로 나누어 설명하고 있다. 그 동안 많은 비즈니스에 실제로 적용했고, 좋은 결과를 만들었던 내용이니, 당신도 기억해 언젠가는 사용할 수 있기 바란다.

 1 협상 준비

협상의 첫 걸음은 다가오게 될 협상을 미리 '제대로' 준비하고, 평소에 협상트레이닝과 시뮬레이션(Simulation)을 통해 연습하며, 지난 협상에서 무엇을 잘했고, 못했는지를 배우고, 자신만의 루틴(Routine)을 만들어 습관으로 만드는 것이 중요하다. 또한, 협상의 5대 기본요소를 이해하고 잊지 말아야 하며, 협상에서 '진지'함을 덜어내고, 즐거운 협상을 만들기 위한 '평소' 노력이 필요하다. 더불어, 일상생활의 순간순간에 상대에게 '내 것의 가치'를 정확하게 인식시키며, 어려운 상황에서 당신을 도와 줄 네트워크(Network)를 만들어 놓아야 한다. 이러한 사항들을 평소에 꾸준히 시나브로 준비하는 사람이 되자.

01 │ 준비하고, 연습하고, 배우며, 루틴을 만들자(습관)

1) '제대로' 준비하자

'시작이 반이다'라는 말은, 시작 그 자체가 반이라는 이야기가 아니라, 시작하기 위해 준비를 했으니, '그 준비'가 반이라는 이야기라고 생각한다. 협상 전 NPT를 꼭 만들고, 분석해서 다가오는 협상을 미리 **제대로 준비해보자.**

필자는 고등학교 때까지 페더급(60kg-64kg) 태권도 선수였다. 평소 몸무게가 69킬로그램에서 70킬로그램 정도 되기에 시합을 나가기 전에 7킬로그램을 줄여야 했는데, 이 중 5킬로그램 정도는 전혀 문제가 되지 않았지만, 마지막 1~2킬로그램을 빼는 게 굉장히 힘들었었다. 한번은 64.2킬로그램으로 계체량을 통과하지 못해 시합도 뛰어보지 못한 채 실격을 당한 적이 있다. 시합을 위해 4개월 정도 준비하였는데, 경기를 해 보지도 못했다는 사실이 너무 아쉬웠었다. 그래서, 필자에게 협상 준비는 고등학교 시절 계체량 통과를 위해 노력하는 것과 같은 의미다. 이처럼, 협상 준비를 제대로 하지 않으면, 협상을 제대로 해보지도 못하고 실패를 하게 될 수 있으니, **'제대로 준비'** 하도록 하자.

2) 평소에 연습하자

운전면허 도로주행을 연습할 때를 생각해보자. 집에서 유튜브나 책을 통해 '시동은 어떻게 거는지', '유턴은 어떻게 하는지' 등을 아무리 봐도 막상 운전석에 앉으면 머리가 까매지고 시동조차 걸지 못할 것이다. 반대로 운전면허학원에 등록해서 '직접' 시동을 걸고 운전을 해보면 몇 시간 지나지 않아 능숙하지는 않지만 차를 몰 수 있을 정도의 실력은 갖출 수 있게 된다. 협상도 '운전연습'과 마찬가지로 이론만 보지 말고, 평소에 **'실제로 연습'**해 보아야 한다.

일단, 당신의 일상을 **협상 트레이닝**에 활용해 보자. 처음부터 업무와 관련된 주제로 연습하려면, 어렵고 흥미가 떨어질 수 있으니, 당신 주변에서 일어나는 일상으로 협상 트레이닝을 해보는 것을 추천한다. 예를 들면, 여자친구와 데이트장소를 정할 때 '놀이 동산과 수영장 중 어디를 갈 것인가', 동생과 야식 메뉴를 정할 때 '족발로 할 것인가, 치킨으로 할 것인가', 친구와 여행을 떠날 때 '산으로 갈 것인가, 바다로 갈 것인가' 등과 같은 이슈에 대해, 앞에서 공부한 협상의 법칙을 적용해

NPT를 만들어 본다면, 훨씬 더 협상에 자신감이 생길 것이다.

NPT를 직접 만들어 봤다면, 이제 상대를 두고 직접 '시뮬레이션'을 돌려보자. 시뮬레이션을 할 때는 이 협상의 목적은 무엇인지, 어느 부분에 중점을 두고 협상에 임해야 하는지, 협상에서 상대방이 파 놓을 수 있는 함정은 무엇인지를 고려하면서, 당신이 준비한 NPT가 제 기능을 발휘하는지 아닌지 확인하기 바란다. 이런 협상 시뮬레이션은 협상을 준비하고 공부한 사람들이 어떻게 실전에서 활용해야 하는지에 대한 가이드를 줄 뿐만 아니라, 실제 협상에서 떨리는 감정이나 무서움을 없앨 수 있게 해, 당신이 자신감을 갖고 협상에 임할 수 있도록 도와줄 것이다.

3) 지난 협상에서 배우자

바둑 기사들은 경기가 끝나면, 한 수, 한 수 '복기'를 하며, 그 날의 경기를 반성하고, 그 반성을 통해 발전해 나아간다. 협상도 마찬가지다. 협상이 끝나면, '협상결과'에만 집착하는 경우가 대부분인데, 우리는 여기서 한발자국 더 나아가 '협상결과' 뿐만 아니라, '협상 전체'를 되돌아 보면서 지난 협상을 통해 배우는 시간을 가지도록 해 보자.

협상결과가 만족스럽더라도, 그 과정을 되짚어 보면 누구나 아쉬운 부분이 있기 마련이다. 다음 번의 협상에서 더 좋은 결과를 가져오고, 더 발전하려 한다면 이 부분을 간과해서는 안 된다. 자신이 부족한 부분을 찾아 보완하고 다음 협상을 준비해야만 발전된, 그리고 보다 좋은 결과를 얻을 수 있을 것이다. 협상결과가 만족스럽지 못 할 경우는 더더욱 '복기'를 해야 한다. 협상이 왜 만족스럽지 못 했는지, 그 원인을 찾고, 보완하고, 공부하여 배운 후에 다음 협상에 임하면 한 단계 성숙해진 자신을 볼 수 있게 된다.

4) 루틴을 만들자

협상 준비를 반복적으로 하다 보면, 생각만 많아질 뿐, 어떻게 정리를 해야 할 지 엄두가 나지 않는 경우가 종종 발생한다. 그때를 대비해 평상시에 '본인만의 루틴'을 만든다면 원활하게 협상을 풀어갈 수 있을 것이다.

필자의 경우는 보통 샤워를 하면서 '협상의 해답'에 대한 정리를 하는 '루틴', 즉 '습관'이 있다, 양치질을 하면서 '빠른 속도로 NPT를 생각하며', 머리를 감으면서 '지난 번 협상을 다시 떠 올리며', 바디샤워를 바를 때 '빠트린 것이 없는지 다시 체크하고', 머리를 말리는 순간에는 '그 생각들을 정리'한다. 이처럼 당신 스스로 당신만의 '루틴'을 만들어 반복적으로 연습하고, 이를 '습관'으로 만든다면 어느 순간부터 협상 준비가 즐거워지게 된다.

02 | 협상의 5대 기본 요소를 잊지 말자

지금까지 '협상 준비' 즉, 협상을 잘 하기 위한 '습관'을 만드는 법에 대해 알아보았다. 이번에는 협상을 시작하기 전에 반드시 준비하고,

파악하고, 마무리해야 하는 협상의 5대 기본요소를 알아보자. 협상의 5대 기본요소는 상대방 문화를 이해하고, 스몰토크(Small Talk)를 준비하고, '팀'을 제대로 구성하고, 내가 평온하게 협상할 수 있는 '장소'를 잡고, 분위기에 맞는 '옷'을 입는 것(넥타이)이다. 하나하나 자세히 살펴보자.

1) 상대방 문화를 이해하자

국제협상은 상대방의 문화를 이해하고, 배려하는 것에서부터 시작된다. 문화를 제일 잘 아는 방법은 상대방의 언어(Language)를 구사하는 것인데, 이는 현실적으로 쉽지 않다. 따라서, 해당 상대국의 '최근 이슈'에 관심을 가지고 공부하며, 이를 바탕으로 그들의 '행동 특성'을 파악함으로써 상대방 문화를 이해하는 방법이 현실적이다

보통의 경우 상대국가의 문화를 이해하라고 하면, 그 나라의 수도는 어디인지, 인구는 어느 정도 인지 등의 뻔하고 식상한 주제에 대해 공부하는 경향이 있는데, 이 보다는 그 나라의 '평균의 사람'들이 관심 있어 하는 정치(가벼운), 사회, 문화, 스포츠 등 여러 분야의 '최근 이슈'들을 현지인과 대화할 수 있을 정도로 숙지하는 것이 바람직하며, 이것이 상대방의 문화를 이해하는 첫 걸음이다. 예를 들어, 스페인과 협상을 할 때는 스페인 프리메라리그(Primera Liga) 소속 축구단과 주요 선수 이름 정도는 미리 기억하며, 멕시코인 협상 상대와 협상할 때는 최근에 발생한 지진이나 폭동에 대한 지식 정도는 알고 가자.

'최근 이슈'에 관심을 가지고 공부했다면, 이를 근간으로 그들의 '행동 특성' 즉, 그들의 협상 특성을 파악하기 위해 노력해야 한다. 멕시코인들의 경우 협상이 시작되면, '그동안 어떤 일이 있었는지', '머리는 왜 짧게 잘랐는지', '점심식사로 무엇을 먹었는지' 등 시시콜콜한 스몰토크(Small Talk)를 충분히 한 후에 '본 협상'에 임하는 경향이 있으며, 반대로 미국인들은 만나자마자 바로 협상을 시작하고, 본 협상이 끝난 후에 스몰토크를 하며 협상을 마무리한다. 이러한 특성을 모르고, 멕시코인과 협상할 때 스몰토크 없이 바로 협상에 들어가거나, 미국인들에게 협상 서두에 스몰토크를 길게 시도하게 되면 정상적인 협상이 진행되기가 조금은 어려워진다.

문화를 이해한다는 것은 비단 국제협상에만 필요한 것이 아니다. 전라도 사람들과 협상할 때 홍어삼합을 비하한다든가, 경상도 사람과 협상할 때 과매기를 왜 먹느냐고 몸서리 치는 일이 없도록 하자.

국제협상에서 주의해야 할 사항

국가마다 고유의 커뮤니케이션 규범을 가지고 있기 때문에 한 문화권에서는 허용되었던 일이, 다른 문화권에서는 허용되지 않은 경우가 비일비재하다. 문화차이로 인해 협상이 결렬되는 것을 방지하기 위해 꼭 알아야 하는 사항을 알아보자.

참고 : HBR 2015년 12월호, 에린 메이어

첫째, '반대 의견을 표현하는 방식'이 다름을 이해해야 한다. 러시아인들은 무엇인가에 반대할 때 *"저는 전혀 동의하지 않습니다.", "저는 절*

대적으로 반대합니다." 라고, 강하게 말하는 것을 당연하게 생각하며, 이는 정상적이고 건강한 협상을 위해 꼭 필요하다고 생각한다. 따라서, 러시아 파트너가 당신이 주장한 논점에 대해 '과하게 반대'한다 할지라도, 이것이 꼭 협상이 잘 안됨을 의미하는 것은 아니며, 오히려 협상이 활발하게 잘 되고 있는 경우일 수 도 있다.

반대로 태국인들이 *"저는 당신 의견에 약간은 다른 견해를 가지고 있습니다."*, 혹은 *"부분적으로 저와 맞지 않은 면이 있습니다."* 라고, 부드럽게 표현한다고 해서, '아, 조금만 조정하면 협상이 잘 되겠구나' 라고 생각하면 오산일 수 있으며, 협상이 완전히 어긋나고 있을 수도 있음을 고려해야 한다. 이러한 성향을 가진 태국 파트너에게 논점이 맞지 않거나 반대하는 경우에 대놓고 *"저는 전적으로 동의하지 않습니다."* 라고 강하게 말한다면 기분이 상해 협상이 완전히 끝나버릴 수 도 있으므로, 그 보다는 *"왜 그렇게 생각하시는지 조금 더 설명해주시면 좋을 것 같습니다."* 등 언어를 부드럽게 순화 할 때 협상을 진전시킬 수 있다.

다운그레이더와 업그레이더

	업그레이더	다운그레이더
상대방의 입장에 동의 하지 않을 때 '사용하는 단어'	전적으로, 완전히, 절대적으로 등	부분적으로는, 약간은, 아마도 등
해당국가	러시아, 프랑스, 독일,이스라엘, 네덜란드 등	멕시코, 태국, 일본, 페루, 가나 등

언어학자들은 위와 같은 국가별 언어적 문화특성을 크게 '업그레이더 (Upgrader)'와 '다운그레이더(Downgrader)'로 나눈다. 업그레이더는 '전적으로' '완전히' '절대적으로' 와 같은 단어를 동의하지 않음을 강조할 때 사용하고, 다운그레이더는 '부분적으로는' '약간은' '아마도'와 같은 단어를 반대하는 입장을 부드럽게 표현할 때 사용한다. 주로, 러시아, 프랑스, 독일, 이스라엘, 네덜란드가 업그레이더의 성향을 보이며, 태국, 멕시코, 일본, 페루, 가나에서는 다운그레이더를 많이 사용한다. 따라서, 각 국가가 업그레이더인지 아니면, 다운그레이더인지를 파악하고 그에 맞춰 대응하는 노력을 할 때 조금은 편하게 협상의 실타래를 풀어나갈 수 있을 것이다.

둘째, '감정표현의 다양함'과 '협상의 적극성'이 항상 비례하지 않는다는 것을 인식하자. 국제협상이 복잡하지만 흥미로운 이유는 각 국가에서 '내가 하는 행동'이 어떠한 의미를 지니는지 알아야 하며, 상대하는 국가에 따라 다르게 반응할 수 있음을 알고 대응해야 한다는 점이 아닐까 생각된다. 같은 논리로, 우리의 협상 상대가 감정표현이 풍부하다고 해서, 협상에 항상 적극적이지 않을 수도 있으며, 감정표현이 없다고 해서, 협상에 관심이 없다는 것은 아니라는 사실을 알아차려야 성공적인 국제협상을 할 수 있게 된다.

국가별 '감정표현의 정도'와 '협상의 적극성 정도'

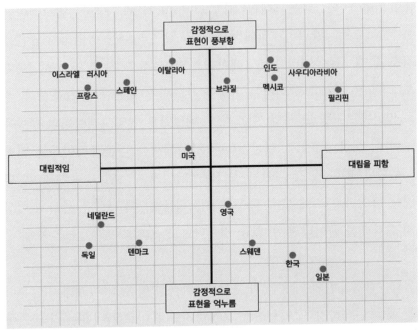

© HBR 2015.12

위의 표에서 볼 수 있는 것처럼 브라질, 멕시코, 인도, 사우디아라비아, 필리핀 사람들은 감정표현이 풍부하여 공개적으로 자신들의 감정을 드러내는 반면, 협상에서는 '대립을 피하고자' 소극적으로 임하는 특징이 있다. 때문에, 이들을 상대로 '공개적인 반대의사 표명'은 예의 없는 것으로 받아들이는 경우가 있으니 조심해야 한다.

반대로 덴마크, 독일, 네덜란드인들은 평소 감정표현을 억누르는 경향이 있으나, 협상에 있어서는 '대립을 불사하며' 적극적으로 임한다. 따라서, 이들에게 '침착하고 논리적인 반대의견'을 낸다면 오히려 긍정적인 평가를 받을 수 있으나, 감정표현이 풍부한 사람들을 미성숙하다고 여길 수도 있고, 비즈니스 상황에서는 프로 의식이 부족하다고 생각할 수도 있다.

셋째, 예스(Yes)나 노(No)가 진짜 '예스', '노'가 아닐 수도 있음을 명심해야 한다. 국제협상에 있어 어떤 문화권에서는 실제로는 '노'를 의미하는데도 '예스'라는 단어가 사용될 수도 있고, 또 다른 문화권에서는 '노'인데 사실은 '논의를 좀 더 해보자' 라는 '예스'의 의미를 담고 있는 경우도 종종 있다. 이 두 가지 경우 모두, 상대방의 메시지를 오해하게 되면 시간을 낭비하거나 혼란에 빠져 일에 차질을 빚게 될 수 있다.

덴마크 기업과 인도네시아 공급업체 사이에서 이뤄진 협상 사례가 좋은 예가 될 것 같다. 덴마크 기업의 한 임원은 인도네시아인들이 자신들이 원하는 마감일을 맞출 수 있을지 여부를 확실히 알고 싶었다. 그래서, 마감일을 맞출 수 있는지 직접적으로 질문했고, 그들은 그 앞에서는 그렇다고 대답했음에도 불구하고, 며칠 뒤에 이메일로 맞출 수 없다고 알려왔다. 덴마크인 임원은 화가 치밀어, "우리는 벌써 몇 주를 낭비했습니다. 왜 회의 중에 솔직하게 이야기하지 않았습니까, 노골적으로 거짓말을 했음에 화가 납니다."라고 말했고, 이 이야기를 들은 인도네시아인은 "인도네시아 사람들은 자신이 존중하는 누군가를 똑바로 쳐다보면서, 그 사람의 요청을 거절하는 것을 무례하다고 여깁니다. 그래서, 우리는 보디랭귀지나 목소리 톤으로 '노'라는 의미를 전달하려고 노력합니다." 라고 답했다. 이러한 신호들을 통해 인도네시아인은 덴마크인에게 "우리도 당신이 원하는 대로 하고 싶지만 불가능합니다."라는 메시지를 전달하기 위해 노력한 것이다.

이처럼, 동남아시아나 인도에서는 '예스'나 '노'를 요구하는 질문을 던질 때, 상대방의 반응이 긍정적이라도 '노'처럼 느껴지는 뭔가가 있을 수 있기 때문에, 모든 감각을 상대방의 반응을 해석하는데 동원해야 한다. 예를 들어, 잠깐 동안 침묵을 지키거나, 숨을 깊게 들이 쉬거나, 망설이면서 "노력하겠지만 어려울 겁니다." 라고 말하는 경우에 해당한다. 이러한 경우가 발생한다면, 거래가 곧바로 성사될 가능성은 별로 없다고 봐야 한다.

이러한 국가에서는 '예스' 아니면 '노'를 요구하는 질문을 던지는 일을 피하고, "그렇게 하실 건가요?" 라는 질문 대신 "이 일을 하려면 시간이 얼마나 걸릴까요?" 와 같이 '정확한 대답을 할 수밖에 없는 질문'을 건넬 필요가 있다.

협상과 관련된 각국의 문화 특성을 찾아보라.

01 포르투칼 : 보수적(사람들에게 먼저 마음을 여는 등의 친화적인 행동을 하는 편이 아님)이므로, 먼저 관심과 호감을 보여주며 다가가는 게 좋다. (호날두, 에그타르트등)

02 독일 : 조심하고 예의를 갖추는 편이 좋으며, 철저하고 칼 같은

시간준수를 원한다. 융통성이 부족하므로, 급작스러운 회의나 만남을 피해야 하며, 모든 것을 문서화해서 논란을 방지하자.

03 스웨덴 : 심하게 개인주의적인 성향이 있다. 예를 들어 담배 한 개피를 빌려도 그 값어치를 주고 받아야 한다. 따라서, '정' 보다는 합리적인 설득이 필요하다.

04 프랑스 : 독립성이 강하며 논리적으로 사고하는 교육을 받는다. 자신의 생각을 자유롭게 이야기하고 논리적으로 말하는 것을 선호하며, '왜'라는 질문을 자주 하므로, 협상 근거 제시가 중요하다.

05 터키 : 지연, 혈연 관계를 중시하며, 현지의 인적 네트워크 기반이 없다면 사업 시작 자체가 어렵다. 또한, 협상에서 합리적인 근거보다는 우호적인 관계가 미치는 영향이 더 크다.

06 일본 : 경계심이 강하므로, 선물하는 문화(오미야게)를 협상에서 이용해, 조금은 쉽게 그들의 마음을 얻어 보자.

07 중국 : 관계(꽌시)가 무엇보다 중요하며, 무조건 '곧 된다' 라고 표현하니 주의하자. 허풍이 심하며, 발뺌을 자주하므로 겉으로 말한 것을 그대로 믿기 보다는 서류를 받자.

2) '스몰토크(Small Talk)'를 준비하자

협상은 사람과 사람이 하는 것이다. 나와 조금이라도 친분이 있거나 내게 호의적인 사람에게 더 성실하고, 성의 있게 협상에 임하게 된다. 그렇기 위해서는 협상 상대와의 '라포트(Rapport)' 형성이 필요하며, 그러한 라포트 형성을 위한 기본 단계가 '스몰토크'다. 이를 통해 보다 친밀한 관계에서 협상을 시작하는 것이 협상목표에 한발 다가서는 방법이다.

A. 스몰토크

'10대 90의 법칙'이 있다. 이는 마지막 10퍼센트의 시간에, 협상 내용의 90퍼센트를 합의한다는 법칙을 말하는 것으로, 협상의 마지막을 강조하는 문구로 자주 사용되고 있다. 여러분은 이 문구가 국가 마다 다르게 적용 될 수 있다는 사실을 '이미' 눈치챘기를 바란다. 여하튼, 이 말을 다른 말로 바꾸어 보면, 협상 내용의 90퍼센트를 협의하는 10퍼센트의 시간을 제외한 나머지 90퍼센트의 시간은 업무 이야기 뿐만 아니라, '스몰토크'가 꼭 필요한 시간이라는 것이다. 100분 동안의 협상을 가정해 보자. 극단적으로 생각하면, 10분은 협상과 관련된 이야기를 하고 나머지 90분은 스몰토크를 통해 인간적이고, 시시콜콜한 이야기를 주고 받으며, 공통점을 찾아 상호 신뢰를 쌓고 유대관계는 만드는 라포트(Rapport)를 형성하는 시간이라는 것이다. 때문에 우리는 협상에 임하기 전에 스몰토크를 반드시 준비해야 한다. 스몰토크를 어떻게 준비해야 하는지 보자.

첫째, 협상 상대를 만나면 먼저 인사하고, 간단한 질문으로 대화를 시작하면 된다. "오시는데 불편한 점은 없으셨나요?", "비행기 타고 오셨는데 오래 걸렸지요?" 등의 간단한 질문이면 충분하다. 그리고, 그 후 "정장 정말 잘 어울리시는 데요?", "지난번엔 짧은 헤어스타일이셨는데, 이번에 길으셨군요, 둘 다 멋지세요." 등 상대방의 복장이나 머리모양을 칭찬하면서 대화를 계속 진행해보자(많은 사람들이 날씨이야기를 추천하는데, 진부하니 하지 말자).

둘째, 최소한 5가지의 주제를 준비하기 바란다. 본인이 아무리 말을 잘하더라도 준비하지 않으면 주제가 있는 스몰토크를 할 때 풍성하게 말을 이어 나가기 힘들기 때문이다. 내가 스포츠에 관심이 있다고 스포츠에 관한 것만 준비하지 말고 스포츠, 문화, 경제분야로 나누어 5개 정도의 주제를 준비하되, 종교나 정치처럼 무겁거나 호불호가 갈리는 주제는 제외하는 것이 좋다.

셋째, 자기자신의 이야기보다는, 상대의 이야기를 이끌어 내도록 노력해보자. 스몰토크는 핑퐁과 같아 어느 한쪽 이야기만 계속되면 다른 한쪽은 금새 흥미를 잃을 수 있으니 '예', '아니오'의 답변을 요구하는 질문보다, 그들의 이야기를 유도하는 '열린 질문'을 해야 한다.

마지막으로, 대화를 마치고 이동할 때 '감사의 인사'를 하자. 협상을 끝내고 친하지 않은 협상 상대와 식사장소로 이동하기 위해 엘리베이터를 타거나, 같이 걸을 때만큼 어색한 경우도 드물다. 이때를 이용해

"와줘서 고맙다, 즐거운 협상이었다." 라고 감사 인사를 하고, 앞으로 먹게 될 식사를 주제로 이야기해 보자.

B. 라포트(Rapport) 만들기

라포트(Rapport)는 심리학에서 주로 쓰이는 단어로 사전적 의미는 마음의 유대 즉, 공감을 의미하며, 여기서 공감이란 대화의 상대방과 호감 및 신뢰감을 쌓아 마음의 유대를 형성하는 것을 말한다.

라포트를 만들기 위해서는 첫째, 상대방과 '직접 대면'해야 한다(Go Extra Mile). 열 번의 전화나 카카오톡, 이메일보다 직접 만나서 이야기하는 '한 번'이 더 임팩트가 크다. 직접 대면해서 자신의 의사를 표현하는 것이 상대방과 더 쉽게 교감을 형성하게 하고 상대방의 표정, 반응 등을 시시각각 체크할 수 있기에 보다 많은 정보를 얻을 수 있다.

| 메라비언의 법칙

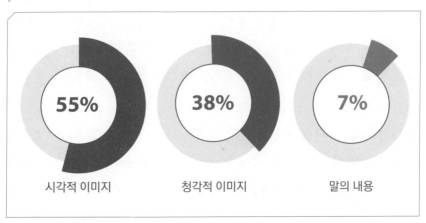

위의 표는 **메라비언(Merabian)의 법칙**으로, 상대방과 의사소통을 진행할 때 상대방에게 영향을 줄 수 있는 요소를 표현한 그래프이다. 시각적 요소(55%), 청각적 요소(38%), 말의 내용(7%) 순으로 상대방에게 영향을 주며, **시각적 요소**는 '상대방과 대면을 통한 의사소통'을 나타내는 것으로 이 요소가 상대방에게 가장 큰 영향을 줄 수 있다. 상대방과의 협상을 하기 전 서로 관계가 없거나 아무런 연락이 없던 사이라면 상대방에게 불신을 줄 수 있으며, 특히 이메일의 경우 '말의 내용'만 전하는 딱딱하고 차가운 특성 때문에, 신뢰와 대인관계 형성이 어려워 상대에게 오해를 일으킬 수도 있다. 직접 만나서 여러분을 시각적으로 보여주고, 목소리를 청각적으로 보여줌으로써 상대방에게 신뢰를 심어 주자.

둘째, 협상을 시작하기전에 상대방과의 '교감'을 먼저 형성해야 한다 (Chat First, Negotiate Later). 협상을 시작하기 전 일상적인 대화를 통하여 교감을 미리 형성할 경우, 협상에서 상대방과 합의를 도출하는데 증진 효과를 가져다 줄 수 있다. '새 차 구입'에 대한 협상 시뮬레이션을 살펴보자. 두 그룹으로 나눈 뒤, 한 그룹은 협상 전 유선 전화를 통하여 협상 내용과 관계가 없는 사소한 대화를 함으로서 상호 교감을 시도한 후, 이메일을 통해 협상을 하였고, 다른 한 그룹은 이러한 상호 교감 시도 없이 바로 이메일을 통해 협상을 하였다. 그 결과 상호 교감을 진행한 그룹은 아무런 상호 교감 시도가 없었던 그룹보다 서로 많은 정보를 공유하고 공감하며 신뢰를 쌓음으로써, 협상 합의에 도달하는 확률도 배가 높았다.

셋째, 상대방이 당신에 대해 알게 해야한다(Let the Other Party Know you). 대부분의 협상은 단 한번(One Shot)만 하고 끝나는 것이 아니라, 반복적으로 이루어지는 장기적인 게임이라고 했다. 따라서, 당신의 개성, 관심사, 취미 등을 '알림'으로 인해, 친밀감을 높여 상호 신뢰를 쌓아 상대방과의 장기적인 관계를 지속시켜야 한다.

뛰어난 협상가들은 직접 얼굴을 맞대고 회의 및 면담을 하며, 상대방과 스몰토크를 할 시간을 가지려고 노력하며, 그 시간을 통해 자신의 개성과 관심사를 상대에게 드러내려고 한다. 이러한 스텝을 통해 만들어진 '공개된 정보의 흐름'이 '라포트'이며, 이러한 라포트가 양쪽을 만족시키는 윈-윈 협상의 기본이 된다.

3) '팀'을 제대로 구성하자
중요한 협상의 경우 '혼자서' 1:1로 하는 경우보다, '2명 이상'이 팀을 이루어 하는 경우가 많을 뿐만 아니라, 혼자 하는 것보다 '팀'을 이루어 협상에 임하는 것이 효율적이며 현명하다. 팀을 이루어 하는 협상이 유리한 이유는 팀원이 각각 다른 포지션을 맡아 전문적인 지식이나 스킬을 가지고 있는 분야에 대해 집중적으로 준비하고, 상대방의 '어려운 질문'에 대비하여, 협상력을 강화시킬 수 있기 때문이다.

'굿 캅 배드 캅(Good Cop, Bad Cap)'이란 용어가 있다. 경찰이 범인을 심문할 때 한 사람은 배드 캅이 되어 윽박지르고, 화내고, 형량을 높게 줄 것처럼 '협박(채찍)'하여 범인을 주눅 들게 만든다. 그리고, 다른 한 사람은 굿 캅이 되어 주눅 든 범인에게 커피도 주고, 설렁탕도 사주면서 달래고 '회유(당근)'하여 자백을 받아내는 전략이다. 두 사람이 '팀'을 이루어 각각 다른 역할을 함으로서 법인과의 협상을 유리하게 하는 것으로, 극단적으로 다른 두 사람(다양성)이 진행하는 것을 원칙으로 한다.

©shutterstock

'팀'을 만들 때는 '다양한' 배경을 가진 사람들로 구성해야 한다. '적극적인 팀원과 꼼꼼한 팀원', '리더 역할을 하는 팀원과 참모 역할을 하는 팀원', '전문지식으로 무장한 팀원과 카리스마가 있는 팀원', '남성 팀원과 여성 팀원', '경험이 많은 팀원과 신선한 아이디어를 낼 수 있는 주니어 팀원' 등 서로 다른 유형의 팀원들로 팀을 만들 때 협상의 성과를 극대화 할 수 있다.

대한민국 협상단은 같은 대학, 같은 고시, 비슷한 연령대를 가진 '여러 사람'으로 협상단을 구성하는 경우가 많았다. 이 경우는 단순히 협상단의 인원만 많을 뿐, 비슷한 배경과 경험을 가지고 있기 때문에 각각의 부족함을 보완하지도 못할 뿐 더러, 여러 사람이 같은 주장만 되풀이하게 되어 효율성도 떨어지며, 아무리 유능한 사람들이라 할지라도, 모든 부분에서 전문적인 지식을 갖기는 힘들기 때문에 상대가 어려운 질문을 할 경우 답을 못하며 머뭇거릴 가능성이 높다. 따라서, 팀원을 구성할 때는 각각의 팀원들의 배경, 환경, 전문지식, 나이, 직급, 성별, 전공, 결혼여부 등 가능한 많은 것이 다른 사람들로 구성하여, 최대한 '다양한' 사람들이 섞인 팀을 만드는 것을 추천한다.

회사에서도 다양한 사람으로 팀을 구성해야 협상력이 상승한다는 사실은 당연하나, 팀구성이 아무리 뛰어나더라도 '개개인의 협상 역량'이 뒷받침되지 않으면 협상에서 목표를 달성하기란 쉽지 않다. 따라서, 팀 구성 이전에 팀원 개개인의 협상 역량을 끌어올리기 위한 노력이 선제적으로 이루어져야 한다.

'팀원'의 협상 역량을 증진시키는 법

조직의 협상력을 높이기 위해서는 사내에 협상을 효과적으로 가르칠 수 있는 **협상 멘토(Mentor)**를 두고, 그들을 통해 핵심 인력에게 지속적으로 '협상 교육'을 실시 해야 한다. 적어도 영향력 있는 선배가 협상 멘토가 되어 후배들과 함께 협상장에 동행하게 만들어, 각 상황의 특성을 직접 배울 수 있게 하고, 회사 업무에 필요한 중요한 사람들을 만날 수 있게 배려하자.

하지만, 협상 멘토가 자신의 협상 행동과 일치하지 않는 조언을 하는 경우가 생각보다 많으며, 이러한 모순 때문에 직원들이 혼란스러운 경우가 종종 발생한다. 이는 협상 멘토들이 그들의 조언을 뒷받침 할 명확한 협상 이론이 충분하지 않을 때 생기는 것이므로, 회사는 협상 멘토들을 '외부 협상 교육'에 보내 협상에 대한 교육을 받게 해야 한다. 더하여, 직원들은 성과평가 또는 연봉협상에 있어 부정적인 영향을 미칠 수 있는 약점을 드러내는 것에 대한 두려움 때문에 자신의 직속상관에게 협상 조언을 구하는 것을 꺼려 할 수 있으므로, 그들이 속하지 않은 '다른 부서' 협상 멘토의 도움을 받는 것을 선호함을 잊지 말자.

4) 내게 평온한 장소를 잡자

야구경기에서 홈 경기와 원정 경기 중 어느 쪽이 승률이 높은가. 홈 경기를 할 때 팬들이 응원해 주고, 경기장도 익숙해 선수들이 긴장하지 않고, 편안하게 경기에 집중할 수 있어, 원정경기보다 승률이 높다. 협상도 마찬가지다. 협상을 할 때, 협상 상대를 '우리 사무실', '우리 회사', '우리 나라'로 불러야 하며, 그래야 덜 긴장하고, 편안한 마음으로 협상에 임할 수 있어, 승률을 높일 수 있다.

몇 년전 미국이 한국과의 FTA 협상에 불만을 가지고, 워싱턴에서 재협상을 하기를 요구했고, 한국 대표단은 '상대방에게 편한 장소'인 워싱턴으로 날아가 협상을 진행했다(알려지지 않은 비하인드 스토리가 있을 수도 있지만, 이는 팩트다). 어리석은 행위이다. 내게 평온한 장소에서 협상을 시작하도록 유도해야 하며, 여의치 않은 경우 나에게 불리하지 않은 제 3의 장소에서 협상을 제안하기를 추천한다. 얼마 전 북미협상을 할 때 북한의 김정은이 워싱턴으로 갈 이유가 없었으며, 트럼프 또한 판문점이나 평양에서 협상을 진행할 생각도 없었기에, 어느 쪽도 유리하거나 불리하지 않은 제 3국인 베트남과 싱가폴을 선택한 것과 같은 맥락이다. 북미협상 당시 협상장소를 예측할 때 판문점, 평양, 서울, 워싱턴이 될 가능성이 높다고 했던 많은 미디어와 협상전문가들은 반성해야 한다.

5) 분위기에 맞는 '옷'을 입자

등산을 할 때는 정장을 입지 않고 등산복이나 트레이닝복을 입으며,

스키장을 갈 때는 청바지보다 스키복을 입고, 골프장에 갈 때는 교복보다 골프복이나 운동복을 입는 것이 당연하다. 협상에 임할 때 상대방의 복장에 맞춰서 협상에 임해보자. 만약, 협상의 상대가 공장에서 근무하기에 평소 작업복을 입는다면, 당신도 한 번쯤 작업복을 입어보고, 반대로 상대가 양복을 주로 입는다면, 거기에 맞춰 입는 센스를 갖춰 보자.

어느 유망한 스타트업과 벤처캐피탈이 '투자'를 위해 협상하는 자리가 있었다. 몇 번의 앞선 미팅을 하는 동안 스타트업 입장에서는 꼭 벤처캐피탈로부터 투자를 받고 싶어했고, 벤처캐피탈도 해당 스타트업은 무조건 성공할 회사라 믿었기에 놓치고 싶지 않은 투자처로 생각하고 있었다. 평소 투자회사 사람들은 '정장'을 입었고, 스타트업 직원들은 '찢어진 청바지'를 입고 미팅에 참여했었다. 마지막 협상 당일, 투자자들은 '찢어진 청바지'를 입고 나타났으며, 스타트업 직원들은 '정장' 차림을 하고 나타났다. 양쪽 모두 상대방을 배려하는 마음에서 평소의 복장이 아닌, 상대방이 즐겨하는 복장을 입은 것이었다. 서로의 모습을 본 양쪽 모두 빵 터지면서 '나를 이렇게까지 배려해 주는구나' 하는 마음이 들었고, 그 협상은 성공적으로 마무리됐다고 한다. 사람은 누구나 본인을 배려해주고 생각해주는 사람에게 호의를 갖는다. 협상 시 처음 보게 되는 것은 상대방의 '옷차림' 인만큼 상대방에게 옷을 통해 '나 너 이만큼 생각해' 라는 걸 보여준다면 원활한 협상을 하는데 도움이 될 것이다.

국내영업이나 해외영업 혹은 대외 업무를 지원하는 취업준비생이 면접을 보러 갈 때, 어떤 색깔의 넥타이를 매는 것이 좋은지 자주 질문한다. 그럼 필자는 "*영업할 건데, 이왕이면 정열적으로 보이고, 강렬해보이는 붉은 계열의 넥타이가 좋지 않겠니?*"라고 반문한다.

독일에서 태권도 선수의 경기를 통해 '붉은색'이 상대방에게 어떤 영향을 주는 지에 관한 실험을 진행했다. 총 42명의 심판들에게 비디오를 통해 첫 날은 '파란색 보호대'를 착용한 태권도 선수를 채점하게 했고, 다음 날은 CG를 이용하여 '파란색 보호대'를 '빨간색 보호대'로 색깔만 바꾼 채 같은 경기, 같은 선수를 채점하게 했다. 결과는 빨간색 보호대를 착용했을 때, 파란색 보호대를 착용했을 때보다 심판들의 점수가 무려 14퍼센트나 높았다. 이는 빨간색이 사람을 보다 강인하게 보이게 하고, 신뢰가 가도록 한 것이 이유였다고 한다.

90년대 미국의 레이건(Ronald Reagan)[10] 대통령이 붉은 계열의 넥타이를 메고 대통령에 당선되면서부터, 협상장이나 강인한 모습을 보이고 싶을 때 붉은 계열의 넥타이를 매는 것이 관례화 되고 있다. 골프선수인 타이거우즈도 마지막 라운드에서는 붉은 계열의 티셔츠를 입고 경기에 임하고, 많은 정치인들이나 외교관들이 협상을 할 때도 붉은 계열의 넥타이를 맨다. 붉은 계열 넥타이를 착용한다고 해서 손해 볼 것 없다. 당신도 착용하기를 추천한다.

---

[10] 로널드 레이건(Ronald Reagan) : 공화당 소속이며 미국의 제40대 대통령으로 1981년부터 1989년까지 재임하였으며, 경제회복을 위한 프로그램인 레이거노믹스(Reaganomics)를 통해 경제를 활성화시켰다.

03 | 진지함을 덜어내자

미디어를 통해 보여지는 협상은 진지하고, 무겁고, 인상만 쓰고 있다고 느껴지는 경우가 대부분이라, 우리는 협상 자리가 항상 진지하고 무겁게 진행되며, 격식이 있어야 한다고 착각한다. 하지만, 정작 협상은 편안한 분위기에서 이루어질 가능성도 높으며, 엄숙하고 진지할 것만 같은 국가간 정상회담이나 G20 정상회의에서도 각국 정상들은 언어가 달라도 서로 웃고 떠들며 협상을 즐길 뿐만 아니라, 그들이 정상회담 후 어떤 음식을 점심, 저녁으로 먹는지가 포털사이트 헤드라인을 뜨겁게 달구기도 한다.

그렇다. '중요한 이슈'를 논하는 시간이 지나가면, 농담도 하면서 분위기를 풀어나가야 하며, 협상 후의 저녁식사 등 먹고 마시는 외부의 자리에서까지 진지할 필요도 없으니, '넥타이 이쁘네', '운동 열심히 하나 봐' 등으로 시작하는 스몰토크(Small Talk)를 통해 진지함을 빼고 협상하는 여유를 만들어 보자. '협상은 진지해야 한다' 라고 말하는 통념이 오히려 협상을 그르칠 수 있으며, 오히려 협상을 잘 마무리하려면 진지함을 좀 덜어내는 것이 필요하다는 사실을 잊으면 안 된다.

비에이치앤컴퍼니는 유럽, 캐나다, 미국 등과 거래를 하다가 2007년 멕시코 브랜드인 케켄과 거래를 시작했고, 거래한 지 6개월쯤 후에 그들이 한국으로 출장을 왔었다. 당시 멕시코에서 한국식 노래방이 유행하고 있을 때라, 그들이 오면 노래방을 같이 갈 생각을 했기에 필자가 대학 다닐 때 유행했던, 리치 바렌스(Ritchie Valens)[11]가 부른 스페인어 노래 라밤바(La Bamba)를 연습하기 시작했다. 스페인어 가사와 박자를 익히는 데 애를 먹었고, 20번 넘게 노래방에서 연습을 했었다. 드디어, 그 친구들과 노래방에 가게 되었고, 인사치레로 *"너네가 노래 먼저 할래?"* 했더니, 의도와는 다르게 흔쾌히 선창을 하는데 하필 그들이 부른 노래가 필자가 준비했던 '라밤바'였다. 그 순간 얼마나 아쉽던지.. 그들의 노래가 끝나고 나서, *"나 사실 너네 온다고 해서 스페인어 노래 한 곡 준비했는데, 너가 부르더라. 라밤바"* 라고 얘기했더니, 박장대소하며 *"고맙다, 그럼 같이 한번 더 부르자"* 하여, 라밤바를 즐겁게 불렀던 기억이 있다. 그 다음날 협상이 잘 되었음은 보너스였다.

협상을 함에 있어서, 모든 시간 진지할 필요는 없다. 가끔은 진지를 줄이고, 농담하고, 먹고 마시고, 즐거운 분위기를 만들어 보자.

04 | 내 것의 '가치'를 정확하게 인식시키자

양쪽이 제시하는 중간 지점에서 가격을 결정하는 것은 본인도 상대방도 루즈-루즈(Lose-Lose) 하는 흥정(High Low Game)일 뿐이고, 이는 논리성 결여에서 기인한다. 때문에 내 제품과 서비스의 가격이 왜 비싸야 되는지, 왜 가격경쟁력이 있는지에 대해 논리적으로 인식시켜야 한다.

---

[11] 리치 바렌스(Ritchie Valens) : 멕시코의 전통적인 결혼식 축가인 <라 밤바>를 로큰롤로 편곡하여 많은 사랑을 받은 미국의 유명 가수 및 작곡가이다.

필자는 주말에 본가를 간다. 그때마다 가끔은 어머니와 함께 재래시장에 가서 알타리, 무, 배추, 감자, 콩나물 등을 사는데, 어머니는 콩나물 2천 원어치를 사면서 백 원을 깎으려고 상인분과 실랑이를 하신다. 옆에 있던 필자가 *"엄마, 깎지 말고 그냥 사세요."*라고 하면, 어머니는 *"콩나물은 깎아야 돼"*라고 말씀을 하신다. 이는 콩나물은 '깎아야 맛'이라는 **인식**이 어머니(소비자)에게 있기 때문이다.

일산에서 차를 타고 15분쯤 가면 파주에 프리미엄 아울렛이 있다. 그곳에서는 주말이 되면, 명품을 10퍼센트 추가 할인을 해준다는 플랜카드가 붙는 경우가 있다. 그러면, 경기가 좋지 않음에도 불구하고, 그 명품매장에 들어가기 위해 줄을 선다.

명품가방이 2백만 원이라고 가정해보자. 2백만 원짜리 명품가방을 주말에 평소보다 10퍼센트 할인을 더 해줘봐야 180만 원이라는 거금을 줘야 한다. 그럼에도 불구하고, 왜 소비자들은 그 가방을 사기 위해 줄을 서는 것일까. 180만 원도 고가지만, 명품은 비싸야 하고, 그 비싼 명품을 할인해주기에 저렴하다는 **인식**이 구매자에게 있기 때문이다.

협상은 본인의 제품에 대한 상대방의 인식의 차이에서 시작된다. 따라서, 협상의 고수는 이러한 차이를 명확하게 이해하고 있어야 하며, 본인이 가지고 있는 제품이나 서비스가 콩나물처럼 대중적이라 저렴한 인식을 심어 주어야 할 것인지, 아니면 명품처럼 비싸게 사야 한다는 인식을 심어 주어야 할 것인지 잘 판단하여야 한다. 대중적인 제품을 비싸게 인식시켜도 안되며, 명품을 대중적인 제품처럼 인식시켜

도 잘못된 것이다. 내 제품이나 서비스의 가치를 정확하게 상대에게
인식시키자.

05 │ 네트워크(Network)를 만들자(인맥관리)

배트나가 좋지 않은 경우에 제 3자의 도움을 받아야 한다고 배웠다.
협상 상대방에 대한 정보나, 상대의 내부 정보를 알기 위해 다른 누군
가가 도와준다면 더 쉽게 협상을 준비하고, 협상에 임할 수 있다. 이를
위해 우린 평소에 인맥관리를 해야 하고, 네트워크를 만들어야 한다.

영화 '명량' 스틸 샷 © 네이버영화

가장 존경하는 사람이 누구냐고 물으면, 많은 사람들이 세종대왕과
이순신 장군을 뽑는다. 하지만, 우리가 아는 것과 달리 이순신 장군은

전지전능하고 완전무결한 성자는 아니었으며, 평범한 우리들처럼 건강도 좋지 않았고, 고민이 많은 사람이었다. 또한, 술을 무척 좋아해서 부하들과 회식을 자주 했으며, 술을 마시고 나면 잠도 제대로 잘 수 없었고, 이불이 젖을 정도로 땀을 많이 흘렸다고 한다. 건강이 그렇게 안 좋으면 술을 끊으면 되지, 왜 주구장창 부하들과 회식을 했을까? 필자도 피곤하고, 짜증나고, 힘듦에도 불구하고 동료들, 거래처 대표들, 교수님들 그리고 학생들과 술을 자주 마신다. 사람이 좋아서, 업무상, 혹은 학생들과 가까워지기 위해서 등등 별별 핑계가 있다. 술 마시는 것도 일종의 '인맥 만들기'의 일환인 것으로, 상대도 모르게 내 편으로 만드는 '네트워크' 를 만드는 행위로 볼 수 있다. 그런 점에서 이순신 장군은 네트워크를 만드는데 능한 분이었다고 할 수 있다.

이순신 장군은 개인적인 능력도 출중 했지만, 인맥 관리도 경쟁력이라는 사실을 알고 있었기에, 통영공방에서 만든 '고급 부채'를 한양의 권문세가 부인들에게 자주 선물했고, 또한 권세가 대감들에게는 이름을 새긴 '칼'을 수시로 선물했다고 한다. 현재도 해군사관학교 박물관에 그 칼들이 전시되어 있을 정도이다. 현실에서 이렇게 높으신 분들에게 선물을 자주하면, 뇌물죄에 해당할지도 모르나, 이순신 장군이 이와 다른 점은 선물을 보낼 때마다 매번 서신을 동봉했는데 그 내용이 인사청탁이나 잘 보이기 위한 목적이 아니라, '왜군의 동향은 어떻고', '조선 수군의 현 상황은 어떠하며', '민심은 왜 그렇고' 등을 설명하며, 권세가들이나 귀부인들에게 자신과 군의 동정을 전달했다는 데 있다. 그렇게 함으로써, 그들을 자연스럽게 '이순신 인맥'으로 만든 것이다.

아무리 잘 싸우고, 전쟁을 잘 할 지라도, 현지 사정은 전혀 모르고 대궐에서 발 뻗고 있는 왕을 모신 한양의 조정대신들이 멍청한 결정을 내리게 되면 큰 낭패이다. 나라의 운명을 책임진 이순신 장군 정도 되면 싸움만 잘한다고 능사가 아니다. 적에 대한 정보 수집, 부하들의 사기 진작 등 다양한 능력을 지녀야 하며, 무엇보다 중요한 능력은 자신과 부하들에 대한 중요한 정책적 결정을 내리는 중앙의 권력자들과 좋은 인맥을 만드는 '네트워킹 능력'이라 할 수 있다. 이순신에게는 나라를 구하고자 싸우는 장군의 뜻을 이해하고 도와주며, 위기에 처할 때마다 힘을 실어주던 류성룡, 이항복 대감들이 있었다. 조정에 넓게 깔린 '이순신 인맥'의 숨은 도움이 없었다면, 조선의 영웅 이순신 장군은 없었을지 모른다.

수백 년이 지난 현재에도 '인맥'은 강력한 비즈니스 경쟁력 중에 하나이다. 하지만, SNS 친구가 많거나, 매일 이 사람 저 사람 만나 술을 마신다고 해서 진짜 인맥이 만들어지는 것은 아니다. 진짜 인맥을 만들기 위해서는 첫째, 상대의 처지를 이해하는 '배려형 인간'이 되어야 한다. 인맥을 만드는 첫걸음은 상대에게 깊은 관심을 가지고, 그의 처지나 입장을 이해해주는 데서 시작한다. 아마 여러분 주위엔 '배려형 인간'과 '무관심형 인간', 두 부류가 있을 것이다. 배려형 인간은 당신이 면접에서 떨어지거나, 승진에서 누락하면 소주 한잔하며 같이 한탄해주고, 좋은 일이 있으면 카톡으로라도 축하를 전하는 인물이다. 반면 '무관심형 인간'은 평소 연락 한번 없다가 자기가 필요할 때만 나타나 친한 척을 한다. 호감은 커녕 얄밉다는 생각만 드는 인간이다.

둘째, '균형된 인맥'을 가져야 한다. *"난 골프 모임도 많고, 조찬 모임도 너무 많아"*, 이렇게 호들갑 떠는 사람들은 대개 직장의 업무로 맺어진 인맥을 가지고 있다. 어지간한 회사의 임원들은 수많은 회의를 하고 엄청나게 많은 사람들을 만나야 하므로, 자연스레 업무상 알고 지내는 사람들이 많아지는 것이다. 이런 경우는 안타깝게도 '좋은 인맥'을 가졌다고 할 수 없다. '편중된 인맥'이기 때문이다. 업무로 맺어진 인맥이기에 이직이나 퇴직을 하면 물거품처럼 사라질 수 있는 인맥일 뿐이다. 따라서, '균형된 인맥'을 갖기 위해서는, 직장이나 사업으로 맺어진 인연뿐만 아니라, 비공식적인 만남을 통해 형성된 사회 각계각층의 **다양한** 사람들과의 인맥이 필요하다.

참고 : 이기고 시작하라, 안세영

인맥은 내가 다른 사람에게 도움을 청할 때 만들어지는 것이 아니라, 다른 사람이 먼저 나에게 도움을 청할 때 **'진짜 인맥'**이 만들어 지는 것이다. 이러한 인맥이 형성될 때, 비로소 강력한 비즈니스 경쟁력 즉 나만의 '네트워크'가 됨을 잊지 말자. 평소에 주위사람에게 잘 하자.

② 상대방관점

01 | 협상스타일(Negotiating Style) 자가진단

협상에 앞서 나 자신과 상대의 협상스타일이 어떤지 미리 아는 것이 중요하다. 아래의 협상진단키트를 통해 본인이 어떤 협상스타일인지 먼저 알아보자.

Directions

1) 각 섹션의 지시 사항에 따라, 'Part 1' 과 'Part 2' 의 각 질문 및 내용에 대해 답하시오. 옳고 그름에 대한 질문 또는 내용이 아니므로, 정직한 본인의 의사를 표시하면 됩니다.

2) 질문 혹은 내용에 대해, 본인에 해당하는 항목 하나에만, 'V'(Check Mark) 또는 'X' 표시를 합니다.

Part 1 - 자가진단

	Directions : 협상 시, 당신에게 해당 하는 항목을 고르시오	전혀 그렇지 않다	그렇지 않다	보통	그렇다	매우 그렇다
1	나는 협상을 내 방식대로 이끌기 위해 계획을 세울 것이다.					
2	나는 협상이 편안하고, 친근하게 진행 될 수 있도록 할 것이다.					
3	나는 상대방이 정당하다면, 결론을 도출하기 위해 나의 고집을 포기할 것이다.					
4	나는 협상을 통해 서로가 원하는 것을 얻을 수 있도록 할 것이다.					
5	만약 협상을 끝낼 수 있는 무언가 가 있다면, 즉시 이행할 것이다.					

6	나는 협상 상대에게서 무언가를 얻기 위해, 나의 것을 내어줄 것이다.				
7	만약 협상이 내가 원하는 방향대로 진행되지 않는다면, 나는 협상에서 빠질 것이다.				
8	나는 협상에서 서로가 원하는 것을 얻을 수 있는 창조적 대안을 제시할 것이다.				
9	만약 상대방이 이기려 한다면, 나는 협상에 져줄 수 있다.				
10	나는 복잡한 협상이 되지 않도록 하기 위해, 어려운 이슈들은 피할 것이다.				
11	만약 상대방이 그들의 입장을 절충하려 한다면, 그 보답으로 나의 입장도 절충할 것이다.				
12	나는 본인 뿐만 아니라, 상대방을 고려하여, 상호이익을 위해 노력할 것이다.				
13	나의 입장에서 중요한 정보가 아니라면, 협상 시 그 정보를 제공할 의향이 있다.				
14	협상 장소를 서로의 중간 지점으로 제시할 것이다.				
15	나는 상대방의 관점에서 그들의 니즈를 이해하려 노력할 것이다.				

Part 2 – 자가진단

Directions : 다음 질문 및 내용에 대해 동의하는 정도를 체크하시오.	매우 동의	동의	보통	동의 하지 않음	매우 동의 하지 않음
16 모든 협상은 서로 주고 받는 것이 있어야 한다.					
17 나는 협상 체질이다.					
18 나는 협상을 피하기 위해 모든 것을 할 것이다.					
19 협상은, 누군가는 이기고 누군가는 지는 것이다.					
20 협상을 할 때 상대방의 기분은 나에게 있어서 중요하다.					
21 협상은 차이점보다 공통된 협의에 초점을 맞출 때 더 좋게 작용한다.					

Directions : 협상 시, 당신에게 해당 하는 항목을 고르시오	전혀 그렇지 않다	그렇지 않다	보통	그렇다	매우 그렇다
22 협상을 내 방식대로 이끌기 위해, 나는 공격적일 수 있다.					
23 협상에서 당신이 타협하려 한다면, 당신은 진 것이다.					

| 24 | 만약 상대방이 협상에서 부당한 대우를 받았다 하더라도, 그것은 나와 아무런 상관 없다. | | | | | |
| 25 | 협상 시, 나에게 가장 중요한 것은 편안한 분위기를 유지하는 것이다. | | | | | |

채점

신중하게 채점 과정을 검토하고 다섯 가지 구분된 협상 스타일에 대한 점수를 확인한 후, 본인의 독단적 성향 지수와 협조적 성향 지수에 대한 점수를 계산하십시오.

1) 경쟁 스타일(Competing Style)

경쟁형 협상 스타일에 해당하는 특성을 측정하는 파트이며, 아래 표에서 각 질문에 대한 항목별 본인의 해당 점수를 찾아, 각 질문 채점표에 본인의 해당 점수를 표시합니다. 예를 들어, '질문1'에 대해 '보통' 항목을 선택했다면 'Q1' 채점표에 본인의 해당점수 '3'을 체크합니다.

질문 채점	전혀 그렇지 않다	그렇지 않다	보통	그렇다	매우 그렇다
Q1	1	2	3	4	5
Q7	1	2	3	4	5

질문 채점	전혀 그렇지 않다	그렇지 않다	보통	그렇다	매우 그렇다
Q13	5	4	3	2	1

질문 채점	매우 동의	동의	보통	동의 하지 않음	매우 동의 하지 않음
Q17	5	4	3	2	1

질문 채점	전혀 그렇지 않다	그렇지 않다	보통	그렇다	매우 그렇다
Q22	1	2	3	4	5

합계 경쟁 스타일 : _____ (모든 점수를 더하시오)

종합 점수	경쟁 스타일 설명
18점 이상	경쟁 스타일 – 높음 : 표본 샘플 비교 시, 상위 25%에 해당하는 점수이며, 이는 경쟁 스타일과 일치하는 특성이 강함을 나타냄
16 ~ 17점	경쟁 스타일 – 보통이상 : 표본 샘플 비교 시, 50 ~ 70%에 해당하는 점수이며, 이는 경쟁 스타일과 일치하는 특성이 보통이거나, 강함을 나타냄. 점수가 높을수록 경쟁 스타일과 일치하는 특성이 강하게 나타남
14 ~ 15점	경쟁 스타일 – 보통이하 : 표본 샘플 비교 시, 25 ~ 50%에 해당하는 점수이며, 이는 경쟁 스타일과 일치하는 특성이 보통이거나, 약함을 나타냄. 점수가 낮을수록 경쟁 스타일과 일치하는 특성이 약하게 나타남
13점 이하	경쟁 스타일 – 낮음 : 표본 샘플 비교 시, 하위25%에 해당하는 점수이며, 이는 경쟁 스타일과 일치하는 특성이 유독 약함을 나타냄

2) 회피 스타일(Avoiding Style)

회피형 협상 스타일에 해당하는 특성을 측정하는 파트이며, 아래 표에서 각 질문에 대한 항목별 본인의 해당 점수를 찾아, 각 질문 채점표에 본인의 해당 점수를 표시합니다. 예를 들어, '질문2'에 대해 '그렇다' 항목을 선택했다면 'Q2' 채점표에 본인의 해당점수 '4'을 체크합니다.

질문 채점	전혀 그렇지 않다	그렇지 않다	보통	그렇다	매우 그렇다
Q2	1	2	3	4	5
Q10	1	2	3	4	5

질문 채점	전혀 그렇지 않다	그렇지 않다	보통	그렇다	매우 그렇다
Q5	5	4	3	2	1

질문 채점	매우 동의	동의	보통	동의 하지 않음	매우 동의 하지 않음
Q18	5	4	3	2	1

질문 채점	전혀 그렇지 않다	그렇지 않다	보통	그렇다	매우 그렇다
Q25	1	2	3	4	5

합계 회피 스타일 : _____ (모든 점수를 더하시오)

종합 점수	회피 스타일 설명
18점 이상	회피 스타일 – 높음 : 표본 샘플 비교 시, 상위 25%에 해당하는 점수이며, 이는 회피 스타일과 일치하는 특성이 강함을 나타냄
16 ~ 17점	회피 스타일 – 보통이상 : 표본 샘플 비교 시, 50 ~ 70%에 해당하는 점수이며, 이는 회피 스타일과 일치하는 특성이 보통이거나, 강함을 나타냄. 점수가 높을수록 회피 스타일과 일치하는 특성이 강하게 나타남
14 ~ 15점	회피 스타일 – 보통이하 : 표본 샘플 비교 시, 25 ~ 50%에 해당하는 점수이며, 이는 회피 스타일과 일치하는 특성이 보통이거나, 약함을 나타냄. 점수가 낮을수록 회피 스타일과 일치하는 특성이 약하게 나타남
13점 이하	회피 스타일 – 낮음 : 표본 샘플 비교 시, 하위25%에 해당하는 점수이며, 이는 회피 스타일과 일치하는 특성이 유독 약함을 나타냄

3) 협력 스타일(Collaborating Style)

협력형 협상 스타일에 해당하는 특성을 측정하는 파트이며, 아래 표에서 각 질문에 대한 항목별 본인의 해당 점수를 찾아, 각 질문 채점표에 본인의 해당 점수를 표시합니다. 예를 들어, '질문'에 대해 '그렇지 않다' 항목을 선택했다면 'Q4' 채점표에 본인의 해당점수 2'를 체크합니다.

질문 채점	전혀 그렇지 않다	그렇지 않다	보통	그렇다	매우 그렇다
Q4	1	2	3	4	5
Q8	1	2	3	4	5
Q12	1	2	3	4	5

질문 채점	매우 동의	동의	보통	동의 하지 않음	매우 동의 하지 않음
Q19	1	2	3	4	5

질문 채점	매우 동의	동의	보통	동의 하지 않음	매우 동의 하지 않음
Q21	5	4	3	2	1

합계 협력 스타일 : _____ (모든 점수를 더하시오)

종합 점수	협력 스타일 설명
21점 이상	협력 스타일 – 높음 : 표본 샘플 비교 시, 상위 25%에 해당하는 점수이며, 이는 협력 스타일과 일치하는 특성이 강함을 나타냄
19 ~ 20점	협력 스타일 – 보통이상 : 표본 샘플 비교 시, 50 ~ 70%에 해당하는 점수이며, 이는 협력 스타일과 일치하는 특성이 보통이거나, 강함을 나타냄. 점수가 높을수록 협력 스타일과 일치하는 특성이 강하게 나타남
17 ~ 18점	협력 스타일 – 보통이하 : 표본 샘플 비교 시, 25 ~ 50%에 해당하는 점수이며, 이는 협력 스타일과 일치하는 특성이 보통이거나, 약함을 나타냄. 점수가 낮을수록 협력 스타일과 일치하는 특성이 약하게 나타남
16점 이하	협력 스타일 – 낮음 : 표본 샘플 비교 시, 하위25%에 해당하는 점수이며, 이는 협력 스타일과 일치하는 특성이 유독 약함을 나타냄

4) 수용 스타일(Accommodating Style)

수용형 협상 스타일에 해당하는 특성을 측정하는 파트이며, 아래 표에서 각 질문에 대한 항목별 본인의 해당 점수를 찾아, 각 질문 채점표에 본인의 해당 점수를 표시합니다. 예를 들어, '질문3'에 대해 '매우 그렇지 않다' 항목을 선택했다면 'Q3' 채점표에 본인의 해당점수 '1'을 체크합니다.

질문 채점	전혀 그렇지 않다	그렇지 않다	보통	그렇다	매우 그렇다
Q3	1	2	3	4	5
Q9	1	2	3	4	5
Q15	1	2	3	4	5

질문 채점	매우 동의	동의	보통	동의 하지 않음	매우 동의 하지 않음
Q20	5	4	3	2	1

질문 채점	전혀 그렇지 않다	그렇지 않다	보통	그렇다	매우 그렇다
Q24	5	4	3	2	1

합계 수용 스타일 : _____ (모든 점수를 더하시오)

종합 점수	수용 스타일 설명
19점 이상	수용 스타일 – 높음 : 표본 샘플 비교 시, 상위 25%에 해당하는 점수이며, 이는 수용 스타일과 일치하는 특성이 강함을 나타냄
17 ~ 18점	수용 스타일 – 보통이상 : 표본 샘플 비교 시, 50 ~ 70%에 해당하는 점수이며, 이는 수용 스 타일과 일치하는 특성이 보통이거나, 강함을 나타냄. 점수가 높을 수록 수용 스타일과 일치하는 특성이 강하게 나타남
15 ~ 16점	수용 스타일 – 보통이하 : 표본 샘플 비교 시, 25 ~ 50%에 해당하는 점수이며, 이는 수용 스타일과 일치하는 특성이 보통이거나, 약함을 나타냄. 점수가 낮을수록 수용 스타일과 일치하는 특성이 약하게 나타남
14점 이하	수용 스타일 – 낮음 : 표본 샘플 비교 시, 하위25%에 해당하는 점수이며, 이는 수용 스타일과 일치하는 특성이 유독 약함을 나타냄

5) 타협 스타일(Compromising Style)

타협형 협상 스타일에 해당하는 특성을 측정하는 파트이며, 아래 표에서 각 질문에 대한 항목별 본인의 해당 점수를 찾아, 각 질문 채점표에 본인의 해당 점수를 표시합니다. 예를 들어, '질문6'에 대해 '매우 그렇다' 항목을 선택했다면 'Q6' 채점표에 본인의 해당점수 '5'를 체크합니다.

질문 채점	전혀 그렇지 않다	그렇지 않다	보통	그렇다	매우 그렇다
Q6	1	2	3	4	5
Q11	1	2	3	4	5
Q14	1	2	3	4	5

질문 채점	매우 동의	동의	보통	동의 하지 않음	매우 동의 하지 않음
Q16	5	4	3	2	1

질문 채점	전혀 그렇지 않다	그렇지 않다	보통	그렇다	매우 그렇다
Q23	5	4	3	2	1

합계   타협 스타일 : _____ (모든 점수를 더하시오)

종합 점수	타협 스타일 설명
20점 이상	타협 스타일 – 높음 : 표본 샘플 비교 시, 상위 25%에 해당하는 점수이며, 이는 타협 스타일과 일치하는 특성이 강함을 나타냄
18 ~ 19점	타협 스타일 – 보통이상 : 표본 샘플 비교 시, 50 ~ 70%에 해당하는 점수이며, 이는 타협 스타일과 일치하는 특성이 보통이거나, 강함을 나타냄. 점수가 높을수록 타협 스타일과 일치하는 특성이 강하게 나타남
16 ~ 17점	타협 스타일 – 보통이하 : 표본 샘플 비교 시, 25 ~ 50%에 해당하는 점수이며, 이는 타협 스타일과 일치하는 특성이 보통이거나, 약함을 나타냄. 점수가 낮을수록 타협 스타일과 일치하는 특성이 약하게 나타남
15점 이하	타협 스타일 – 낮음 : 표본 샘플 비교 시, 하위25%에 해당하는 점수이며, 이는 타협 스타일과 일치하는 특성이 유독 약함을 나타냄

*참고 경우에 따라 어떤 문항은 해당점수가 1부터 5의 순서로 배열되어 있고, 어떤 문항은 5부터 1의 순서로 배열되어 있습니다.

이는 리버스 퀘스쳔(Reverse Question)을 적용한 것으로 틀린 것이 아닙니다.

6) 독단적 성향 지표

각 협상 스타일 별 점수를 확인하였고, 이를 토대로 본인의 '독단적 성향' 지수를 확인 할 수 있습니다. 네 가지 협상 스타일의 각각의 합계점수가 수식에 들어가며, 첫 번째 괄호의 합계에서, 두 번째 괄호의 합계를 뺀 점수가 본인의 독단적 성향 지수 점수입니다. 수식은 다음과 같습니다.

독단적 성향 지수 = (경쟁형 합계 + 협력형 합계) – (회피형 합계 + 수용형 합계)

독단적 성향 지수 = (+   ) – (+   )

독단적 성향 지수 합계 :

종합 점수	독단적 성향 설명
5점 이상	독단적 성향 – 높음 : 표본 샘플 비교 시, 상위 25%에 해당하는 점수이며, 이는 독단적 성향이 강항을 강함을 나타냄
1 ~ 4점	독단적 성향– 보통이상 : 표본 샘플 비교 시, 50 ~ 70%에 해당하는 점수이며, 이는 독단적 성향이 보통이거나, 강함을 나타냄. 점수가 높을수록 독단적 성향이 강하게 나타남
-2 ~ 0점	독단적 성향 – 보통이하 : 표본 샘플 비교 시, 25 ~ 50%에 해당하는 점수이며, 이는 독단적 성향이 보통이거나, 약함을 나타냄. 점수가 낮을수록 독단적 성향이 약하게 나타남
-3점 이하	독단적 성향 – 낮음 : 표본 샘플 비교 시, 하위25%에 해당하는 점수이며, 이는 독단적 성향이 유독 약함을 나타냄

7) 협조적 성향 지수

마찬가지로, '협조적 성향' 지수를 확인 할 수 있습니다. 네 가지 협상 스타일의 각각의 합계 점수가 수식에 들어가며, 첫 번째 괄호의 합계에서, 두 번째 괄호의 합계를 뺀 점수가 본인의 협조적 성향 지수 점수입니다. 수식은 다음과 같습니다.

협조적 성향 지수 = (협력형 합계 + 수용형 합계) – (경쟁형 합계 + 회피형 합계)

협조적 성향 지수 = (+   ) – (+   )

협조적 성향 지수 합계 :

종합 점수	협조적 성향 설명
9점 이상	협조적 성향 – 높음 : 표본 샘플 비교 시, 상위 25%에 해당하는 점수이며, 이는 협조적 성향이 강항을 강함을 나타냄
5 ~ 8점	협조적 성향– 보통이상 : 표본 샘플 비교 시, 50 ~ 70%에 해당하는 점수이며, 이는 협조적 성향이 보통이거나, 강함을 나타냄. 점수가 높을수록 협조적 성향이 강하게 나타남
2 ~ 4점	협조적 성향 – 보통이하 : 표본 샘플 비교 시, 25 ~ 50%에 해당하는 점수이며, 이는 협조적 성향이 보통이거나, 약함을 나타냄. 점수가 낮을수록 협조적 성향이 약하게 나타남
1점 이하	협조적 성향 – 낮음 : 표본 샘플 비교 시, 하위25%에 해당하는 점수이며, 이는 협조적 성향이 유독 약함을 나타냄

*참고 독단적 성향 지수와 협조적 성향 지수를 계산할 시 타협형 합계는 적용하지 않습니다.

02 | 상대방의 협상스타일을 파악하자

1장

2장

3장

4장
┃┃┃┃┃┃┃┃
스
트
롱
네
고
시
에
이
터
·
협
상
심
화

5장

나 자신이 어떤 협상 스타일인지 아는 것도 중요하지만, 상대방이 어떤 스타일의 협상가인지 알아야 윈-윈 협상을 할 수 있다. 협상스타일은 '독단적' 성향 및 '협조적' 성향 측정을 기반으로, 크게 경쟁형, 협력형, 타협형, 수용형, 회피형 5가지 스타일로 나눌 수 있다.

첫 번째 경쟁형(Competing)이다. 이 스타일을 보여주는 협상가는 자신감이 강하며, 적극적이다. 최종 결론에 집착하며, 상대방에게 자신의 견해를 강요하는 경향이 있고, 극단적 상황에서는 공격적이거나, 고압적일 수 있다. 이 스타일은 독단적 성향이 높고, 협조적 성향이 낮다.

경쟁형에는 표출형(Speaker)과 성취형(Achiever)이 있는데, 표출형은 끊임없이 자기 의사와 감정표현을 하며, 말이 많고 솔직하고, 과시욕이 강하나 감정적 접근에 약하다. 때문에 표출형인 협상 상대에게는 '그들의 감정에 호소하는 전략'을 사용하는 것이 효과적이다. 만약, 표출형인 사람에게 똑같이 표출형으로 대한다면 그 협상은 감정싸움으로 이어져 협상이 결렬될 가능성이 높다. 성취형은 승부욕이 강하고 결과에 집착하고, 자기주장과 과시욕이 강한 것은 표출형과 동일하나, 인간 관계보다는 일에 집중하고, 좀처럼 감정을 드러내지 않는다는 점이 다르다. 따라서, 성취형인 협상 상대에게는 나도 당신과 같은 '일중독'이라고 보여주어 동질감을 형성한다면 보다 효율적인 협상을 할 수 있다.

두 번째 협력형(Collaborating)이다. 이 스타일을 보여주는 협상가는 개방적이고 정직한 의사소통을 통해 양 당사자가 상호 만족할 수 있는 창의적인 솔루션을 찾는 데 중점을 두고, 많은 대안을 제안한다. 이 스타일은 독단적 성향 및 협조적 성향이 높다.

협력형은 우호형(Carer)으로도 불리는데, 일보다는 인간관계에 집중하는 경향이 있으며, 관계 확장보다는 기존 관계를 공고히 하는데 관심이 많다. 또한, 사람 좋다는 말을 많이 듣는 편이며, 감정이입에 일가견이 있다. 협상 상대가 협력형인 경우에는 '일' 자체에 대한 이야기보다는 골프, 등산, 당구 같은 업무 외 활동을 함께 하면서 관계를 쌓는다면 보다 원활한 협상을 할 수 있다.

세 번째 타협형(Compromising)이다. 이 스타일을 보이는 협상가는 중간 지점을 찾고, 차이점을 절충하며, 빈번하게 의견을 주고받음으로서, 양 당사자의 니즈가 적당하게 만족될 수 있는 방안을 모색한다. 이 스타일은 독단적 성형과 협조적 성향이 적절하게 조합된 성향이다.

대표적인 타협형은 분석형(Finder)형으로 상황과 사실(Fact)을 분석하고 모든 걸 메모하며, 몰입과 집중력이 좋고, 데이터 및 디테일을 중시한다. 타협형의 협상 상대를 만난다면, 상대방이 제시한 데이터보다 더 많은 데이터를 준비하여 협상을 하는 것이 유리하다. 더불어, 데이터를 중시하는 타협형은 그 데이터의 진실여부를 떠나 데이터 자체를 믿을 확률이 높다.

네 번째 수용형(Accommodating)이다. 이 스타일을 보이는 협상가들은 상대방과의 관계 유지, 갈등 완화 등 견해 차이를 줄이기 위해 노력하며, 상대방의 니즈를 만족시키는 데 가장 큰 관심이 있다. 이 스타일은 독단적 성향은 낮지만 협조적 성향이 높다. 협상상대로 수용형을 만나게 되면, 당신의 주장을 마음껏 펼치자. 그는 다 받아 줄테니까.

다섯 번째는 회피형(Avoiding)으로, 이 스타일의 협상가는 수동적이며, 갈등 회피를 선호한다. 상황을 회피하거나, 다른 당사자에게 책임을 전가하려 하는 성향으로, 협상타결을 위한 어떤 관심도 보이지 않고 제대로 된 시도조차 하지 못한다. 다시 말해 협상 자체를 싫어하고, 남 앞에 나서는 것을 싫어하는 류의 스타일이다. 이 스타일은 독단적 성향 및 협조적 성향이 낮다. 협상 상대로 회피형을 내보내는 여러분의 상대 회사는 바보라고 생각해도 좋다.

위 다섯가지의 협상 스타일 중 가장 까다로운 협상 상대는 어떤 스타일일까. 질문을 바꿔보자. 직장생활을 십 수년간 한 대기업 엘리트 남성과 이제 막 4살이 된 사랑스러운 조카 중 어느 쪽이 까다로운 협상 상대일까. 사랑스러운 4살짜리 조카다. 조카가 무언가를 요구했는데 들어주지 않으면 울고, 울면 달래야 하고, 달랬으니 장난감을 원하면 사줘야 하며, 키즈카페에 가고 싶어하면 피곤하고 졸리더라도 함께 방문해야 하기 때문이다. 이런 스타일의 협상가가 경쟁형이고 그 중에서도 표출형이다.

그럼, 이 중에서 이상적인 협상가는 어떤 스타일인가. 협력형이다. 이들은 개방적이고 정직한 의사소통을 사용하기에, 상호 만족 할 수 있는 윈-윈 협상을 만드는데 이상적인 스타일로서, 이런 스타일을 협상 상대로 만났을 때 협상의 만족도가 가장 크다. 하지만, 일보다는 관계에 집중하는 경우가 많기 때문에 당신이 '완벽한 협력형 협상가'가 되는 것은 추천하고 싶지 않다. 본인의 성격은 바꾸지 못해도, 본인의 협상 스타일은 마음먹기에 따라 충분히 바꾸어 나갈 수 있으므로, '이상적인 협상가'라는 타이틀에 집착하지 말고, 협상 상대의 협상 스타일에 맞춰 그때 그때 다른 협상 스타일을 선보이는 협상 전문가가 되길 바란다.

▌다섯 가지 협상 스타일에 따른 독단적 성향과 협조적 성향의 비교

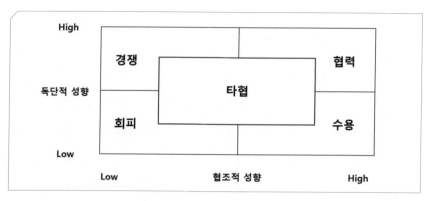

03 ▎ 상대방을 이해하고 분석하자

윈-윈 협상을 하기 위한 첫번째 조건은 '상대방을 이해'하는 것이다.

또한, 협상은 한번에 끝나는 것이 아니라, 연속성을 가지고 반복되기 때문에 상대방에 대한 중요성은 시간이 갈수록 더 커질 수 밖에 없다. 상대방을 이해하지 못하고 상대방과 관계를 맺지 못한 상태에서 협상을 진행한다는 것은 그야말로 어불성설일 것이며, 백전백패의 결과를 초래한다.

강의나 강연도 마찬가지다. 강의를 듣는 상대방 즉, 청중이 어떤 종류의 사람들인지 이해하고 강의 할 때 '강의 만족의 정도'를 높일 수 있다. 예를 들어, 청중이 중학생일 경우와 성인일 경우 집중도나 지식 수준이 다르기 때문에, 그들을 이해하고 분석한 후 같은 내용이라도 다른 방식으로 강의해야 청중을 집중시키고, 이해 시킬 수 있다는 것이다. 저자는 숭실대학교에서 강의를 할 때 항상 학생들과의 사적인 대화와 질문을 시작으로 수업을 진행했다. 그들의 흥미를 일깨워 수업에 집중시키기 위함이 첫 번째 목적이었고, 그들이 어떤 유형의 친구들인지 알아보기 위함이 두 번째 목적이었다. 질문을 하고, 그들의 대답을 듣다 보면, 상대방이 이 수업에 관심이 있는지, 열정이 있는지, 어떤 것에 관심이 있는지 등을 알 수 있었다. 협상에 임할 때에도 사적인 대화와 질문을 많이 던짐으로써 상대방에 대해 이해하고, 그를 바탕으로 그들을 분석해보자.

케이블 방송에서 이덕화, 이경규씨 등이 나오는 낚시방송을 한다. 그 방송을 보면, 물고기의 어종에 따라 각기 다른 미끼를 사용하는데, 이는 어종마다 좋아하는 미끼가 다르기 때문임을 쉽게 예상할 수 있다.

협상에서도 상대방이 무엇을 좋아하고, 무엇을 싫어하는지 등을 알아야 협상에서 원-윈 할 수 있고, 성공적인 협상을 위한 유리한 고지를 선점할 수 있게 된다.

알버트 아인슈타인 (Albert Einstein)

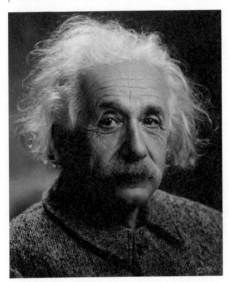 

©Pixabay ©PRINCETION UNIVERSITY

상대방을 이해하고 분석하여 원-윈의 결과를 가져온 좋은 사례가 있다. 아인슈타인은 유태인 출신이며 독일 국적이다. 나치가 정권을 잡게 되면서 아인슈타인은 망명을 생각하고, 미국의 명문대인 프린스턴 대학교에 편지를 보낸다. 그 당시 이미 아인슈타인은 노벨 물리학상을 받을 정도로 상당히 성공한 물리학자였고, 그가 유럽에서 받은 연봉은 2천 달러 정도였으며, 아이비리그의 최상위급 교수들이 받고 있던 연봉은 4~5천 달러 정도 수준이었다. 프린스턴 대학교에서 아인슈타인이 원하는 연봉의 수준이 어느 정도 인지를 물어봤는데, 아인슈타인은 고민을 하다가 현재 2천 달러 정도를 받고 있으니, 3천 달러 정도면 프린스턴 대학교로 가겠다고 답변을 했다. 그리고, 한 달 뒤 프린스턴 대학교에서는 아인슈타인에게 1만 달러의 연봉을 제안했다.

아인슈타인은 자신이 생각했던 것보다 3배나 더 많은 연봉을 제시 받은 것이다. 아인슈타인은 돈을 떠나서, 그들에게 고마움을 느꼈고, 그들이 '얼마나 자신을 원하고 신뢰하는지'에 대한 메시지를 정확하게 받아들였다. 그 후, 아인슈타인은 1932년 미국으로 망명한 후, 프린스턴 대학 연구소에서 평생을 다 바쳐 연구했다. 만약에 프린스턴 대학에서 돈으로만 협상을 했다면 3천 달러로 끝날 협상이었다(아니, 어차피 망명해야 하는 아인슈타인은 2천 달러만 제시 했어도 프린스턴대로 왔을지도 모른다). 만약 그랬다면 아인슈타인이 미국으로 온 후 3천 달러는 아이비리그에서 적정 수준의 연봉에도 미치지 못한다는 사실을 알게 되었을 것이고, 이 경우 서로 간의 두터운 신뢰형성이 불가능 하였기에, 중간에 다른 학교로 옮겼을 지 모른다.

하지만, 프린스턴대 총장은 아인슈타인을 이해하고 분석한 후, '실력에 대한 신뢰와 배려'로 접근하였기에, 아인슈타인은 다른 교수들보다 훨씬 많은 연봉을 받을 수 있었고, 그 결과 프린스턴 대학은 대단한 학자와 평생을 같이 하면서 학교의 위상을 높이는 윈-윈의 결과를 만들 수 있었던 것이다. 우리도 협상을 할 때, 상대방을 이해하고, 분석함으로써, 단지 자신만 이기는 협상이 아닌, 상대방을 만족시켜서 상호 간에 기뻐할 수 있는 윈-윈(win-win)협상의 초석을 만들어 보도록 하자.

04 │ 상대방의 감정을 고려하자

협상에서 '나는 착한 사람이다'라는 것을 알리기 위해, 기분 나쁜 감정을 매번 숨기는 것만큼 바보 같은 행위도 드물다. 필요에 따라 나의 다양한 감정도 드러내야 하고, 다양한 상대방의 감정도 고려하고, 경우에 따라서는 배려해줘야 한다. 협상 상대방의 감정을 고려한다는 것은 '상대방에게 존중받는 느낌을 주어 주관적인 만족도를 높여 윈-윈 협상을 이루는 것'에 목적이 있으며, 이를 위해 인정, 친밀감, 자율성, 지위, 역할 5가지를 고려해야 한다.

첫째, 상대방을 있는 그대로 인정하자. 성격이 급하거나, 느리거나, 말을 막 하거나, 느리게 하거나, 상대방 자체를 협상 상대로서 이해하고 인정하는 것이다. 둘째, 친밀감을 높여라. 협상 장소에 일찍 도착해서 상대방이 관심 있어 할 만한 이슈에 대한 스몰토크를 하여, 협상이 시작되기 전에 상대와 '공감대'를 형성하는 것을 말한다. 셋째, 상대방이 자율성과 권한이 있다고 인식하게 해야 한다. 협상이 종료되었을 때 당신이 협상의 결론을 낼 수 있는 상황이라 할지라도, 상대방이 협상을 마무리할 수 있도록 하라는 것이다. 예를 들어 본인이 협상을 주도한 결과, 삼겹살 300톤(MT)을 킬로그램당 3.8달러에 구매하기로 결정했다고 할지라도, 그 마지막을 상대에게 마무리하게 하는 것이다. *"협상하느라 고생했다. 당신이 협상결과를 정리해주면 고맙겠다."* 라고 말하여 상대방이 협상을 주도하지 않았더라도, '내가 협상을 마무리할 권한이 있고, 내가 내 의지로 협상을 마무리 하는구나'라고 생각하게 하여 상대방 스스로가 **자율성**이 있음을 인식시킬 수 있도록 하자. 넷째, 상대방이 본인보다 **지위**가 낮거나, 나이가 어리더라도 담당자로서의 위치를 존중해주자. 다섯째, 상대방의 **역할**을 칭찬하자. 시시콜콜한 것이라도 칭찬해서 협상 내용과 별도로 호의적인 관계를 만들자.

협상을 할 때 상대방의 감정을 고려하여, 그들에게 존중 받고 있다는 느낌을 주어 **주관적인 만족도**를 높이는 것이 '장기적인 관계'에서 중요하다는 사실을 명심하고, 위 다섯 가지 항목들을 협상에 임할 때 행동으로 옮겨 보기 바란다.

05 기쁨을 감추자

만일, 당신이 원하는 것보다, 더 많은 것을 상대에게 제시하였음에도 불구하고, 상대방이 이에 대해 아무런 불평없이 동의한 경우 당신은 어떻게 할 것인가. 혹은, 삼겹살 가격이 3.8달러라면 구매할 의향이 있었는데, 상대가 3.7달러에 가격을 제시하면 어떻게 반응할 것인가.

협상 초보자들은 기뻐하며, 금새 이를 티 내며 상대방에게 고마워 할 것이고, 협상을 끝내려 할 것이다. 이를 받아들이는 상대방은 어떻게 생각할 것 같은가. 당신이 기뻐하는 모습을 보면, 상대는 분명 뭔가 잘

못되었다고 생각 할 것이다. 또한, 자신이 생각한 것보다 훨씬 협상이 쉽게 끝났다는 것은, 상대방에게 강한 협상을 해도 되었다는 것을 의미하고, 이는 곧 자신의 회사가 수익이 더 많이 날 수 있는 기회를 놓쳤다는 것이다. 이러한 상황에서 상대방은 자신이 협상을 잘못 하였다고 생각할 수 있으며, 협상 테이블을 떠나지 않았다면 재협상을 요구할 수도 있다. 뿐만 아니라, 결과를 받아들였다 하더라도 존중받지 못했다는 느낌으로 불쾌하게 생각할 수 있고, 다음 번 협상에서 칼을 갈고 나올지도 모른다. 때문에 협상에서 자신이 원하는 결과, 혹은 그 이상을 일찍 얻었다고 하더라고 조급하게 협상을 끝내지 말고, 조금 길게 협상해서 상대가 실패한 협상이라고 느끼게 하지 말자. 자신의 기쁨은 최대한 감추는 것이 지금 협상에서, 그리고 다음 협상에서 유리하다.

 ## 3 창조적 대안과 배트나(심화)

01 ▎ 양쪽을 만족시키는 '창조적 대안'을 만드는 법

2장에서 상대의 욕구에 집중하면, 양쪽을 만족시키는 창조적 대안이 보인다고 배웠다. 이번 장에서는 창조적 대안을 구체적으로 어떻게 만드는지 살펴 보자.

보통, 협상 경험 초보자의 경우 협상을 할 때 단 하나의 이슈에만 집착한다. 예를 들어, 물품을 구매하는 입장에서는 오로지 물건 가격을 싸게 하는 것에만 생각을 집중하는 경우가 많은데, 실상은 그 상황에서도 '가격' 이외에도 협의할 수 있는 복수의 다양한 이슈들이 존재한다. 한 가지 이슈에만 집착하지 말고 협상장에 들어가기에 앞서, 그 협상과 관련된 **다양한 이슈**를 도출하고, 그 이슈들을 정리하여 양보할 수 있는 이슈와 양보하지 않을 이슈를 구분한 '리스트'를 만들어 준비된 협상을 시작하자.

성공적인 협상가는 이슈 메이커라 해도 과언이 아니다. '양쪽을 만족시키는 창조적 대안을 개발하라'는 것은 '끊임없이 이슈를 만들어라' 라고 하는 말과 일맥상통한다. 이러한 창조적 대안을 만들기 위한 3가지 방법은 아래와 같다.

1) 다양한 이슈(카드)를 협상테이블에 올려라(Issue Making)

하늘에서 하나의 숲을 볼 경우, 전체적인 숲은 볼 수 있지만, 숲 속에 어떠한 나무가 있고 어떠한 질병을 가지고 있는지 파악하기는 어렵다. 하지만, 조금 더 숲 안으로 들어가, 개별적인 나무가 가지고 있는 특성을 바라보면, 그 나무들이 어떠한 나무이며, 질병은 무엇이며, 연대는 어떻게 되는지에 대해 더 자세하게 볼 수 있을 것이다. 이처럼, 협상을 할 때 협상의 **메인이슈**에만 집중하여 협상을 풀어 나가는 것이 아닌, '메인이슈'와 관련된 **다양한 이슈**들을 세분화하여 협상테이블에서 논의할 경우, **양쪽을 만족시키는 창조적 대안**이 생각보다 쉽게 만들어질 수 있다. 예를 들어, 비즈니스 협상의 경우 대부분 '가격'과 '물량'

이라는 메인이슈에만 초점을 두는 경우가 많은데, 이것에만 집착하는 협상을 고집하지 말고, 그 외 '가격'과 '물량'에 직간접적으로 관련된, 배송 시기, 계약기간, 대금결제조건, AS기간 등 **다양한 이슈**를 고려해서 협상할 때 '양쪽을 만족시키는 창조적 대안'이 도출되기 쉽다는 것이다.

예를 들어 보자. 비에이치앤컴퍼니는 케켄으로부터 돈육을 구매하면서 가격을 낮추고 싶다. 하지만, 케켄은 가격에 대해 민감하여, 절대 가격을 낮출 수 없다는 입장이다. 이 경우 당사는 가격에 대해서만 물고 늘어지는 것보다 다른 다양한 이슈들을 생각해 볼 필요가 있다. 가격 이외의 이슈들인 배송시기, 대금결제조건, 하자보증기간, 배송비 등에 대해서 서로 주거니 받거니 하다 보면, 상대방에게 민감한 이슈는 양보를 얻어내기 어렵지만 상대방이 덜 민감하게 여기는 것에 대해서는 양보를 받아낼 수 있다. 이 경우 '**메인이슈**'인 가격은 당사가 원하는 방향으로 되지 않더라도, '**다른 다양한 이슈**'에서 이익을 가질 수 있다면 서로 만족하는 거래가 될 수 있다.

> 배송시기 : 2주 앞당겨서 배송해라.
> 대금결제조건 : 도착 후 결제 하겠다. (외상 결제)
> 하자보증기간 : 12개월(기존 6개월)
> 배송비 : 한국내 운송비는 케켄이 부담한다.

위의 예시처럼 다양한 이슈를 많이 제기하면 제기할수록 협상의 질은 높아지게 되고, 상대방의 이해관계에 따라 우리 예상보다 훨씬 큰 양보를 이끌어낼 수 있는 기회도 생기며, 상대방도 그들이 원했던 것보다 만족스러운 협상결과를 가져갈 수 있는 양쪽을 만족시키는 창조적 대안이 도출 될 수 있는 것이다.

2) 조건부 카드를 활용하라(If)

'만약 내가 이걸 해주면, 너도 저걸 해주면 좋겠어', '만약, 너가 저걸 받아 주면, 나는 이걸 해 줄게' 와 같이 '만약(If)'을 적절히 활용할 경우, 양쪽을 만족시키는 창조적 대안만들기가 더 수월해진다. 예를 들어, '만약(If) 당신이 배송을 빨리 해 주면, 우린 결제를 현금으로 하겠다'와 같은 전략을 사용할 수 있다.

3) 상대방과 이슈를 교환하라(Exchange)

당신 한쪽에서만 다양한 이슈를 생각하는 것보다, 상대방도 그들 입장에서 다양한 이슈를 도출하는 것이, 질과 양적인 측면에서 훨씬 나을 것임은 자명하다. 따라서, 협상 시 '내가 이런 이슈를 제기했으니, 너도 다른 아이디어를 줘봐'를 반복하면서 아이디어를 '교환(Exchange)'하는 전략을 사용한다면 한쪽이 미처 생각해보지 못한 정보를 공유할 수 있게 되고, 다양한 이슈들을 더 세분화 시켜 협상을 이상적인 방향으로 전개해 나갈 수 있다.

세가지를 적절히 사용한 사례를 살펴보자. 비에이치앤컴퍼니는 1919년에 창립한 이태리 팔리(Pali)라는 회사와 유모차 거래를 한적이 있다. 그 당시 국내시장에서 팔리 유모차는 다른 수입상을 통해 500,000원에 판매되고 있었고, 팔리는 1년 계약으로(계약기간 끝나감, L/C 결제, 10,000개) 그 수입상에게 200,000원 정도에 공급을 하고 있는데, 우리는 120,000원에 연 20,000개를 공급받기를 원했다. 제품 특이사항은 미끄럼방지 기능, 접이 기능이 있고, 색깔은 블루, 핑크, 실버, 사이즈는 대.중.소 3종류가 있었다.

▍팔리 유모차(Pali)

©Pali

당사가 원하는 가격 120,000원과 물량 20,000개를 달성하기 위해, 먼저 그들의 중국 공장 가동률을 확인하였더니 67%였음을 알게 됐다. 우리는 메인이슈인 '가격과 물량' 목표를 달성하기 위해, 공장가동률, 제품 단순화, 옵션 단순화, 결제방법, 다른 제품 동반 구매 등 다양한 이슈를 제기하였다.

A. **공장가동률** : 현재 70%에 미치지 못하는 공장 가동률을 지적하면서, 우리가 20,000개를 구매하게 되면 공장가동률이 90%까지 올라가고, 당신들의 고정비가 감소되니 원가 절감을 할 수 있게 된다. 또한, 향후 거래가 더 커지게 되어 공장이 100% 가동 되게 되면, 당신들은 더 큰 원가 절감을 할 수 있게 된다. 그러니, 120,000원에 년 20,000개 공급은 어떠냐.

답변 : 그래도, 120,000원까지 힘드니, 160,000원 하자

B. **제품 단순화** : 현재 접이 기능과 미끄럼 방지기능 2가지가 있는데, 휴대용 유모차브랜드가 많이 있으므로 접이 기능은 없어도 될 것 같다. 너희가 접이 기능을 제거하고, 미끄럼 방지 기능만 있는 유모차만 생산하게 되면, 작업 시간과 필요 인력을 줄일 수 있으니, 추가적인 원가 절감이 가능하다. 그러니, 120,000원에 년 20,000개 공급은 어떠냐.

답변 : 니 말이 맞다. 이 경우 150,000원 까지는 가능하겠다. (Exchange) 나도 아이디어 하나 내 볼게, 옵션을 좀 단순화하면, 원가를 더 낮출 수 있으니, 공급가 낮출 수 있을 것 같다.

C. **옵션 단순화** : 맞다. 너희들이 3종류의 색깔과 3종류의 크기로 생산하지 않고, (If) 만약, 한 가지 색깔과 크기로 통일하면, 다음번에 오더 물량 더 늘릴 수도 있을 것 같다.

D. 결제 방법 : 기존 L/C(Letter of Credit)[12]로 할 경우 수수료와 업무 번거로움이 발생 할 수 있으니, (If) 만약, 니가 바로 선적을 해 준다면, T/T(Telegraphic Transfer)[12]로 지급하겠다.

답변 : 오케이, 120,000원에 20,000개 하자

E. 다른 제품 동반구매 : 고맙다. 추가로 너네가 생산하고 있는 다른 유아용품 구매까지 고려해 보겠다

이처럼, 비에이치앤컴퍼니는 '가격과 물량'이란 메인이슈 외에 공장가동률, 제품 단순화, 옵션 단순화, 결제방법, 다른 제품 동반구매 등의 '다양한 이슈'를 제기하고, '만약(If)'과 '교환(Exchange)' 전략을 적절히 사용함으로써, 양쪽을 만족시키는 창조적 대안을 찾을 수 있었다. 이로써, 비에이치앤컴퍼니는 가격과 물량 목표를 달성할 수 있었고, 팔리(Pali)는 원가를 낮춰 물건을 공급할 수 있었을 뿐만 아니라, 추후 다른 제품을 공급할 수 있는 가능성까지(예상하지 못했던) 확인한, 양사가 모두 즐거워하는 윈-윈 협상을 할 수 있었다.

02 | 배트나(BATNA)를 활용하자

2장에서 언급한 배트나에 대해 다시 생각해보자. 배트나(BATNA : Best Alternative To a Negotiated Agreement)는 협상이 결렬되었

---

[12] L/C와 T/T : 무역결제방식으로 L/C는 신용장 거래라 불리며 T/T에 비해 안전하지만 비용이 더 비싸며 업무량이 상대적으로 많다. 반면에, T/T는 전신환송금방식으로 단순하게 돈을 송금하는 것이기 때문에 수수료가 저렴하다.

을 때, 대신 취할 수 있는 최상의 대안을 의미한다. 배트나를 효율적으로 사용하기 위해서는 협상을 시작하기 전에 자신의 배트나를 찾고 분석하여, 협상 중간에 이를 노골적이지 않게 상대방에게 노출하며, 상대방의 배트나를 면밀히 탐색, 분석하고 문제점이 보이면 지적하여야 한다. 또한, 나의 배트나가 좋고 상대의 배트나가 좋지 않을 경우 협상을 최대한 지연시켜 불안감을 느낀 상대가 더 양보하도록 하고, 내 배트나가 상대의 것보다 나쁠 경우에는 협상을 빠르게 진행하여 나의 배트나보다 상대방의 제안이 좋으면 받아들이는 것이 유리하며, 배트나가 좋지 않을 경우에는 제 3자를 이용해야 한다.

이처럼, 배트나를 협상 중에 충분히 활용하는 것이 좋지만, 이를 실전에 적용하는 것은 쉽지 않을 뿐만 아니라, 협상 당사자의 준비가 부족해 배트나가 무엇인지 정확하게 파악하지 못해 협상에서 사용하지 못할 가능성도 비일비재하다. 효과적인 배트나를 만들기 위한 4가지 단계에 대해 알아보자. 이를 통해 배트나를 제대로 이해하여, 협상 테이블에서 자리를 박차고 일어날 수 있는 용기와 협상에 자신감을 얻어보자.

1) 배트나 만드는 법

첫번째로 협상 결렬 시 당신이 취할 수 있는 **대안 목록**을 작성하자 (List Your Alternatives). 비에이치앤컴퍼니는 케켄으로부터 삼겹살을 킬로그램당 3.8달러에 수입하고자 하고, 케켄은 4.2달러에 수출하고자 한다고 가정하자. 협상이 결렬될 것을 가정하고 비에이치앤컴퍼니가 취할 수 있는 대안 목록은 아래와 같다.

유럽 돈육 수입, 미국 돈육 수입, 다른 멕시코 브랜드 돈육 수입, 우육 수입, 계육 수입 등

두번째, 작성된 목록을 일정한 기준에 맞게 평가하여 **최선의 배트나**를 정한다. 대안목록 중 우육, 계육을 수입하는 것은 수익을 생각했을 때 적절한 대안은 아니라고 생각된다. 나머지, 유럽 돈육 수입, 미국 돈육 수입, 다른 멕시코 브랜드 돈육 수입을 수입하는 대안들을 생각했을 때, 다른 멕시코 브랜드 돈육에 대한 정보는 케켄이 더 많이 알고 있으므로 부적절하며, 미국보다는 수입 경험이 더 많은 유럽산 돈육 그 중에서도 스페인산 돈육 수입을 최선의 배트나로 정하겠다.

세번째, 정해진 배트나를 **실현** 할 수 있다고, **상대가 느낄 수 있게** 준비한다. 협상 중에 '우리가 스페인산 돈육 수입을 그동안 얼마나 많이 했으며, 그들과 두터운 친분을 가지고 있고, 현재도 그들의 제품을 꾸준히 수입하고 있기에, 그것에 대한 충분한 시장이 한국에 있다.' 등과 같은 정보를 흘려, 케켄이 비에이치앤컴퍼니가 가지고 있는 배트나의 '**가치**'를 인식하도록 하는 것이 중요하다

마지막으로, 현재 협상에서 받아들일 수 있는 **마지노선 값**을 계산하자. 만약 당신의 마지노선보다 좋지 않은 제안이 상대로부터 들어왔다면 그 제안을 거절하는 것이 합리적이고, 상대의 제안이 당신이 정한 마지노선보다 좋다면, 그 제안을 받아들이는 것이 유리하다.

비에이치앤컴퍼니는 케켄으로부터 삼겹살을 킬로그램당 3.8달러에 수입하고자 하는데, 4.0달러까지는 지불할 용의가 있다. 이때 4.0달러가 이번 협상에서의 **마지노선 값**인 것이다. 따라서, 4.2달러에 수출하고 싶은 케켄이 협상에 응하면서 4.1달러를 제시하면, 내가 생각하고 있던 4.0달러보다 좋지 않은 제안이니 거절하는 것이 합리적이고, 만약 케켄이 3.9달러를 제시하면 내가 정한 마지노선보다 좋은 제안이므로 받아들이는 것이 합리적이다.

배트나 전쟁

한국에 진출했었지만, 실패하고 떠나간 '까르푸(Carrefour)'의 매각 협상이 배트나의 대표적인 사례로 많이 언급된다. 까르푸는 세계적인 대형마트로 1996년 처음 한국에 진출하였다. 그러나, 기대와는 달리 한국 시장 내에선 고전을 면치 못했다. 2005년까지 27개의 점포까지 확장을 했지만 이마트, 롯데마트, 홈플러스 등 한국형 대형마트와의 싸움에서 패하는 결과를 가지고 왔다. 2005년 당시 대형마트의 업계 순위는 이마트, 롯데마트, 홈플러스, 까르푸 순이었고, 시장에서는 롯데마트의 까르프 인수합병설이 나돌기 시작했지만 까르푸는 그 소문을 부인하였다. 사실이었지만, 이를 숨기기 위해 까르푸는 오히려 한국 시장 내에 공격적인 투자를 시작하고, 2005년 한해 동안 5개의 대형 점포를 오픈하는 등 대규모 투자를 하는 등의 **배트나**를 만들었다. 이마트는 그 점을 보고 까르푸 인수전에 참여했고, 경쟁자인 롯데마트는 발등에 불이 떨어지는 신세가 되었으며, 그것은 곧 까르푸가 노렸던 강력한 **배트나**였다. 하지만 이후, 이마트가 월마트 인수전으로 선회하면서, 이마트는 월마트라는 새로운 배트나를 확보하게 되었고, 까르푸는 배트나를 상실하게 된다. 이 상황을 지켜보던 유통의 강자 이랜드가 까르푸 인수전에 참여하였고, 이 때는 롯데마트가 오히려 까르푸의 배트나로 활용되었다. 결론적으로 2006년 까르푸는 이랜드에 인수합병 되었고, 월마트를 합병한 이마트는 업계 1위를 유지하고 있다. 위의 사례를 보듯 협상 과정에 있어서 우리는 배트나를 만들고 활용하기 위하여 끊임없이 투쟁하여 우위를 점할 수 있어야 한다.

2) 배트나가 없는 경우(하수, 중수, 고수)

배트나가 항상 있을 수는 없다. 배트나가 전혀 없음에도 불구하고, 배트나가 있을 경우보다 더 좋은 결과를 나타낸 사례를 살펴보자. 미국 26대 대통령인 루즈벨트(Theodore Roosevelt)[13]가 대통령 선거를 할 당시의 이야기이다. 1912년의 선거운동은 라디오 방송이나, 가두 유세, 그리고 선거홍보물을 나눠주는 정도의 수준이었다.

그 당시 루즈벨트는 강력한 대통령 당선 후보 였으며, 미국의 유권자 수는 300만명이었다. 선거 일주일 전, 루즈벨트 측은 많은 돈을 들여 홍보물 300만부를 인쇄했고, 홍보물을 배포하려는 찰라, 선거 홍보물에 실린 루즈벨트 사진 밑에 '사진에 관한 모든 권리는 모펫스튜디오 소유임(Copy Right by Moffet Studio)' 이라고 쓰여진 문구를 발견하게 된다. 법무팀에 의뢰해보니, 만약 모펫 측에서 손해배상 청구를

---

[13] 루즈벨트(Theodore Roosevelt) : 미국의 제26대 대통령으로서 1901년부터 1909년까지 재임하였으며, 러일전쟁 중재, 모로코 분쟁 해결 등의 공로를 인정받아 1907년 노벨 평화상을 수상하였다.

하게 되면, 사진 한 장당 1달러의 배상, 즉 총 300만 달러의 배상을 해줘야 한다고 답을 한다. 시간도 일주일 밖에 없기에 인쇄를 다시 할 수도, 인쇄를 다시 할 자금도 없었다. 그 당시 선거 위원장 조지 파킨스 (Geoge Perkins)는 기가 막힌 아이디어로 모팻과 협상을 진행한다. 여러분이라면 이 상황에서 어떻게 했을까.

협상의 하수, 중수, 고수의 협상을 나누어 살펴보자.

시어도러 루즈벨트 (Theodore Roosevelt)

©unplash

협상의 하수 : 99.9퍼센트의 여러분이 이렇게 협상할 것이다. *"당신 사진을 홍보물에 올렸는데, 미안하다. 지금은 돈이 없지만, 너도 알다시피 루즈벨트가 대통령이 될 가능성이 높다. 그때 배상할 테니 조*

금 기다려라.", "당신 사진을 홍보물에 올렸는데 미안하다. 추후 대통령이 되면 정부와 관련된 모든 사진을 너한테 촬영 할게, 어때?" 혹은 "너도 사진홍보하게 되서 나쁠 것 없잖아, 대통령 되면 줄 테니 기다려줘." 라며 협상을 하려 할 것이다. 이 경우는, 혹시나 모팻이 나쁜 마음을 가지게 된다면 더 높은 수준의 배상을 요구할 수도 있고, 최악의 상황에서는 그 홍보물의 사용을 금지할 가능성도 생기게 되니 제대로 된 협상이라고 할 수 없다.

협상의 중수 : 만약, 당신이 협상의 중수쯤 된다면, **배트나가 없다는 상황을 밝히지 않고,** 협상에 임할 것이다. "모팻씨, 당신이 찍은 사진이 맘에 들어 홍보물에 사용하려고 한다. 당신이 사용 허락하면, 대통령 되고 너한테 혜택을 줄려고 하는데 어때?" 이 경우 모팻은 본인이 이 제안을 거절할 경우 다른 사진관의 사진이 홍보물에 게시될 것이고, 그 경우 루즈벨트가 대통령이 된 후 혜택을 못 누리게 됨을 먼저 생각하게 될 가능성이 높다. 따라서, 사용을 허락할 가능성이 높은 훌륭한 협상이다.

협상의 고수 : 선거위원장이던 조지 파킨스는 중수의 협상에서 한 걸음 더 나간 놀라운 협상력을 보여준다. 그는 모팻에게 연락하여 "모팻씨 축하합니다. 홍보물에 사용할 사진을 선정 중인데, 최종 후보 스튜디오 세 곳 중 한 곳으로 당신 스튜디오가 선정 되었습니다. 만약, 당신이 루즈벨트 선거 자금을 기부한다면, 당신의 사진을 사용할건데, 이 제안 어떻습니까, 내일까지 답을 주세요" 라고 하였다. 결과는 여

러분이 지금 생각하고 있는 그대로다. 모팻은 본인의 사진이 선정만 되면, 루즈벨트가 대통령이 될 경우 대박을 칠 수 있으니 기회를 놓치지 않고 싶어 했기에, 기꺼이 기부를 했다. 이러한 협상으로, 배트나가 전혀 없었던 루즈벨트 측은 선거 기부금도 얻게 되고, 상표권(Copy Right) 문제도 해결했으며, 모팻 측 또한 만족한 협상 즉 윈-윈 협상을 이룬, 기가 막히게 성공한 협상 사례이다.

3) 워트나(WATNA)를 활용하자

워트나(Worst Alternative To a Negotiated Agreement)는 배트나와 반대되는 단어로, 협상이 결렬되었을 때 선택할 수 있는 **최악의 대안**을 말한다. 케켄과의 협상에서 비에이치앤컴퍼니가 가진 워트나는 케켄에서도 수입할 수 없고, 다른 국가에서도 수입하지 못하므로 수익을 낼 수 없어 '회사가 망하는 것'이라 할 수 있다.

협상에서 워트나를 생각해봄으로서 얻을 수 있는 이익은 두 가지가 있다. 첫째, 이 협상을 제대로 하지 못할 경우 회사가 망할 수 있다는 것을 알게 됨으로서 본능적으로 협상에 최선을 다할 수 있게 된다. 둘째, 벼랑 끝에 서는 심정으로 상대가 당신의 제안을 받아들이지 않았을 때의 상황을 조목조목 알림으로써 상대의 목을 조르려 하거나, 반대로 읍소하는 방법으로 협상을 진행할 수도 있다.

하지만, 이렇게 까지 해서 협상을 이끌어 나가는 것이 무슨 의미가 있겠는가. 이런 상황이 오게 만들지 말고, 미리미리 경쟁력을 갖추고 힘을 기르자.

④ 협상 팁(Tip)

01 | 양보할 것과 양보할 수 없는 것을 미리 정해두자

협상을 할 때 누구에게나 양보를 해야 할 상황은 오기에 양보는 해야 하지만, 우리는 양보를 해도 똑똑하게 해야 한다. 그렇게 하기 위해서는 첫째, 협상 전 다양한 이슈들을 미리 리스트업하고, '양보할 것과 양보할 수 없는 것'에 대해 미리 생각해야 한다. 그래야, 실제 협상이 진행될 때 실수 없이 자신에게 덜 중요한 것을 내주고, 더 중요한 것을 얻을 수 있게 된다.

둘째, 처음부터 양보를 하는 것은 금물이다. '양보할 수 있는 이슈'라고 정해 놓았다고 해서, 상대방이 요구한다고, 바로 *"그래 양보할게."* 라고 하는 것은 바보 짓이다. 양보를 할 때 하더라도, 아쉬운 듯한 모습을 보이며, 양보의 특별함을 상대방에게 어필해서 더욱 고맙게 느끼도록 해야 한다. *"나한테 중요한 것이지만, 너이기에 내가 특별히 양보한다.", "아주 특별한 상황임으로, 이번엔 내가 양보할게."* 등과 같이 상대방이 양보를 받았다는 생각을 확실히 심어주도록 하자.

셋째, 양보할 때는 반드시 상대에게 무엇인가를 요구하여 얻어내야 한다. 3장에서 공부했던 설득, 그 중 '상호성의 원칙'과 일치하는 부분이다. 무언가 하나를 내주면, 상대방은 나에게 한 개의 빚을 진 것이니, 내가 양보한 만큼 상대에게 무엇인가를 얻어낼 수 있어야 한다. 양보를 할 때는 대가를 요구함으로써 양보의 가치를 높일 수 있다.

넷째, 양보의 크기는 점점 줄여가야 한다. 사람은 하나를 주면, 또 다른 하나를 요구하고, 두 개를 주면, 세 개를 요구하는 사악한 마음이 있다. 따라서, 사람 좋다는 말을 듣기 위해 계속된 양보를 할 경우, 상대는 그것이 당연하다고 느낄 수 있기 때문에 양보의 크기는 줄여나가는 것이 현명하다.

02 │ 니블링(Nibbling)을 활용하자

니블(Nibble)은 영어로 '조금', '야금야금', '한 입'을 의미하는 단어이다. 협상의 마지막 순간에 상대에게 '조그마한 것'을 요구하여, 더 얻어내는 것을 니블링 전략이라고 한다. 협상이 막바지에 다다르고, 계약서에 사인만 하면 마무리 되는 그때, 갑자기 조그마한 무언가를 요구하면, 상대는 '별것 아니니 받아들여 주지 뭐' 라고 생각하거나, '별것 아닌 요구를 들어주지 않아서 협상이 결렬되면 어쩌지' 하는 불안감 때문에 요구를 승락할 수 있다는 점을 이용하는 방법이다.

정명, 지아, 보라 세 명의 친구가 팀프로젝트를 하고 있다고 가정하자. 업무 분담을 마무리 하는 시점, 갑자기 정명이가 *"나는 자료조사*

담당, 지아는 *PPT 작성, 그리고 보라는 프레젠테이션 맞지? 근데, 지아야, 교수님 연구실에 프로젝트 계획서 제출(니블링) 좀 해줄 수 있니?"* 라고 했을 때 업무 분장은 이미 끝났고, 제출만 하면 되는 '조그마한 건'이며, 거절하면 이상한 분위기로 흘러 갈 수도 있기에, 지아는 '프로젝트 계획서 제출 요구'에 응할 가능성이 매우 높게 된다는 것이다.

40피트(Feet) 컨테이너

일반적으로 케켄과 냉동 돈육을 계약 할 때, 한 컨테이너(1FCL)에 갈비, 장족, 목뼈, 갈매기 등 서너 가지의 품목을 함께 넣어 21톤(MT)을 만든다. 그 중 갈매기는 많이 판매되는 품목은 아니지만, 마진폭이 가

장 큰 품목 중 하나이다. 계약 물량은 한 컨테이너이고 단가 계약이 모두 끝나는 시점이 왔다. 이때, *"지금까지 협상하느라 고생 많았어, 그런데, 갈매기 500킬로그램만 더 넣어주라(니블링)"* 라고 했을 때, 케켄 입장에서는 지금까지 어렵게 협상했는데 조그마한 부분이라고 할 수 있는 갈매기 500킬로그램 추가하는 것을 들어주지 않으면 계약이 틀어질 수 있다는 생각, 혹은 '그 정도 쯤이야 뭐' 하는 마음으로 비에이치앤컴퍼니의 요구를 받아 줄 가능성이 높게 된다는 것이다.

상대가 '니블링 전략'을 내세울 경우, 우리는 '역니블링 전략'으로 대응할 수 있다.

양복 한 벌을 사기 위해 백화점에서 양복을 입어 보고 마음에 들어 계산하려고 가격을 물으니, 생각했던 것보다 훨씬 비싸다. 그래서 직원에게 *"비싼 양복 샀으니, 저기 있는 셔츠 하나만 무료로 주세요(니블링)."* 라고 했더니, 쿨하게 셔츠를 서비스로 챙겨준다. '이 얼마나 고마운가'라고 생각하는 그때, 직원이 넥타이 하나를 가져와서 *"구매하신 양복과 셔츠에 이 넥타이가 잘 어울리는데, 이것도 같이 구매하시는 건 어떠세요?(역니블링)"* 라고 권유를 한다. 이 경우 넥타이가 멋있어 보이기도 하고, 셔츠를 서비스로 챙겨준 것이 미안하기도 해서 넥타이를 구매하게 될 확률도 올라가게 된다. 이 직원은 '셔츠'라는 니블링을 '넥타이'라는 역니블링으로 대응한 것이다.

03 │ 플린칭(Flinching)을 활용하자

플린칭은 '깜짝 놀라다', '움찔하다'라는 뜻으로, 협상에서 상대방의 요구에 '과한 반응'을 보여줌으로서 협상에서 유리한 결과를 얻는 전략을 말한다. 플린칭은 소극적 플린칭과 적극적 플린칭 두 가지로 나눌 수 있다. 소극적 플린칭은 '상대방의 말을 되풀이하는 정도의 반응'으로 유리한 결과를 얻는 것을 의미하고, 적극적 플린칭은 소극적 플린칭에 책상을 치거나, 벌떡 일어나는 등의 '한가지 행동을 더해서' 유리한 결과를 가져오는 것을 말한다.

간단한 사례를 통해 알아보자. 옷가게에서 마음에 드는 옷이 있어 점원에게 가격을 물어봤더니 *"5만원입니다."* 라는 대답이 온다. 이 때, 소극적 플린칭은 놀랐다는 듯이 목소리 톤을 올린 후 점원의 답변 그대로에 물음표만 붙여 *"5만원이요?"* 라고 되풀이 하는 것으로, 이것만으로도 몇 천원은 깎아서 살 수 있을 것이다. 여기서 *"5만원이요? 저 옆집은 4만원이라고 했는데"* 라고 한마디를 추가하거나, 다른 옷집으로 가는 척하는 행동을 추가하면 적극적 플린칭이 되는 것이다.

실제 협상을 예로 들어보자. 케켄에는 두 개의 돈육 브랜드가 있는데, 하나는 케켄이며 다른 하나는 키니톤(Kiniton)이라는 서브 브랜드(Sub-Brand)이다. 이 또한, 다른 회사가 한국으로 수입하고 있는데, 품질이 케켄 보다는 못하기에 살짝 저렴한 가격으로 계약이 되곤 한다. 그러던 몇 년 전, 멕시코에서 케켄 측과 협상 도중, 케켄의 담당자가 키니톤 오퍼 가격이 케켄 오퍼 가격보다 살짝 저렴하다고 말하는 실수를 하게 된다(우리는 이미 알고 있는 사실이었다). 하지만, 당시 담당자였던 비에이치앤컴퍼니 임이사는 책상을 쾅 치며, 화난 목소리로 *"우리가 너네랑 비즈니스를 10년을 넘게 했는데, 어떻게 우리한테 더 비싸게 줄 수 있느냐, 이제 너희들과 비즈니스 안한다. 나 지금 한국으로 돌아가겠다."* 라고 말하는 적극적 플린칭을 사용하여 가격 협상을 우리 쪽의 요구대로 저렴하게 마무리 할 수 있었다. 이처럼 플린칭 전략을 협상에서 적재적소에 사용하면 상대에게 불안감을 심어주어, 우리에게 유리한 결과를 얻을 수 있게 된다. 그러나, 너무 과한 적극적 플린칭은 오히려 역효과를 낳을 수 있음을 유념하자.

> **Practice 8** — 일상 또는 사회에서 일어나고 있는 소극적/적극적 플린칭 사례를 찾아보라.

01 차 구매 사례

소극적 플린칭 : 연말에 수입차를 구매할 때 목소리 톤을 높여, "할인이 100만원 밖에 안된다구요?"

적극적 플린칭 : 연말에 수입차를 구매할 때 목소리 톤을 높여 "할인이 100만원 밖에 안된다구요?" "다른 영업사원은 300만원 해준다고 했는데"라고 말하며 나가는 척 한다.

02 노량진 수산시장 사례

소극적 플린칭 : 목소리 톤을 높여, "방어 대자가 6만원 이라구요?"

적극적 플린칭 : 목소리 톤을 높여 "방어 대자가 6만원이라구요? 저쪽에서는 5만원이었는데" 라고 하며, 다른 곳으로 가는 척한다.

04 │ 살라미(Salami) 전술을 이용하자

살라미는 이태리 소시지로 얇게 썰어 비스켓에 얹어 '와인' 등과 함께 먹는 '짠' 음식이다. 소시지 이름에서 따온, 살라미 전술은 한번에 목표를 관철시키는 것이 아니라, 이슈를 여러 개로 세분화한 후 하나씩 협상을 해서 이익을 극대화를 하는 전술이다.

비에이치앤컴퍼니와 케켄이 협상을 할 때 삼겹살, 돼지갈비, 목살 등

계약하는 모든 품목을 한꺼번에 협상 하는 것이 아니라, 삼겹살만 따로 협상하고, 삼겹살 협상이 끝나면 돼지갈비만 따로 협상하는 등 각 품목별로 협상을 하고, 합의 되지 못한 아이템을 모아, 다시 협상을 하여 이득을 취하는 것이 살라미 전술의 예로 볼 수 있다.

살라미 전술을 가장 잘 사용하는 국가는 북한이다. 일례로 미국과 비핵화 협상 진행 시 원산, 영변 등에 있는 '모든 핵시설의 비핵화'를 하나로 묶어 협상을 하는 것이 아니라, 핵시설을 지역별로 세분화하여, *"원산 핵시설을 비핵화 할 테니, 경제제재 풀어줘"*, 라고 했을 때 미국 측이 *"경제제재 풀어 줄께"* 라고 하면, *"영변 핵시설을 비핵화할 테니, 쌀 1,000톤만 원조 해줘"* 라고 하는 등, 한번에 모든 요구를 다 하는 것이 아니라, 하나씩 세분화하여 야금야금 요구해서 원하는 것을 얻고 있다.

핵

©shutterstock

이에 대응하는 전술은 역살라미 전술 혹은 **살라미 미러링**(Salami Mirroring)이라고 불리는데, 그 핵심은 '시간을 질질 끄는 것'으로, 트럼프가 역살라미 전술을 북한에 사용한 적이 있다. 북한이 원산 핵시설을 비핵화 할 테니 경제제재를 풀어 달라고 요구하고, 다른 지역 비핵화 카드로 또 다른 것을 요구하며 이익을 추구하는 살라미 전술을 사용하며 미국을 괴롭혔다. 이때 트럼프는 북한이 경제제재를 오래 버티지 못할 것으로 예상하고, 북한이 비핵화 조치를 야금야금 내놓는 것을 흉내 내어 *"북한의 전 지역을 비핵화 할 때까지 기다렸다가 경제제재를 풀게"* 라고 하면서, 비핵화 시한을 점층적으로 늘리며 시간을 질질 끄는 살라리 미러링 전술로 대응했다.

> **Practice 9**　일상 또는 사회에서 일어나고 있는 살라미 전술 사례를 찾아보라.

01　전체 사업예산에 따른 세부 견적 제출(총액 기준) -〉 이 후 항목을 하나씩 하나씩 따로 협상

02　자동차회사에서 부품 구매할 때, 각 부품별 물량/가격으로 협상하고 이후에 총 가격과 물량으로 다시 협상

03　과일가게에서 사과, 배, 귤 등 5가지 종류를 구매할 때 각 과일별로 가격 흥정하고 나중에 총 가격으로 다시 흥정하는 협상

---

05 │ 과장하고, 부풀리고, 거짓말하는 행위에 단호하게 반응하자

협상을 할 때 모든 사람이 진실만을 얘기하며 정직하게 협상에 임하

는 것은 아니며, 과장하고, 부풀리고, 거짓말을 하는 경우가 허다하게 발생한다. 만약, 당신의 협상 상대방이 협상 시 '과장하고, 부풀리고, 거짓말을 할 때' 는 단호하게 반응해야 한다.

단, 상대방이 거짓말하는 것을 포착했을때는 그 즉시 화내지 말고 두 번째 거짓말까지 기다리고, 세 번째 거짓말을 할 때 한번에 터트리기를 추천한다. 기다렸는데 '상대방이 거짓말을 안하면 어떻게 하지'라고 생각하는 사람들이 있을텐데, 그럴 가능성이 거의 없다. 왜냐하면, 한 번 과장하고, 부풀리고, 거짓말하는 사람은 되풀이하여 똑같은 행위를 할 확률이 높기 때문이다. 따라서, 그런 행동을 하는 것을 포착할 때마다 세 번째 거짓말을 할때까지 메모를 하며 기억해야 한다.

미팅을 하는데, 상대가 계속 과장하고, 부풀리고, 거짓말을 한다. '첫 번째 거짓말 2시 37분, 두 번째 거짓말 2시 52분' 이라고 메모했으면, 세 번째 거짓말을 할 때까지 기다리자. 드디어 3시 12분 세번째 거짓말 포착. 이때, 거세게 책상을 치며 반응하면 된다. *"이 보세요 팀장님, 2시 37분 거짓말할 때 참았습니다. 그랬더니, 2시 52분 또 거짓말을 하시더군요. 또 참았어요, 그런데, 3시 12분에 또 거짓말을 했습니다. 지금까지 이런 식으로 저랑 협상하셨던 겁니까? 이제 신뢰가 없어서 팀장님과 더 이상 협상 못하겠습니다. 협상 상대 바꿔주세요, 팀장님이 못하시면, 팀장님네 사장님께 제가 직접 전화하겠습니다."* 라고 화를 내자. 이렇게 되면, 상대방은 당황스러워하며, 협상 상대를 바꿔 달라는 요구에 안절부절 못할 것이다. 때문에, 협상 상대가 바뀌지 않는다고 해도, 그 팀장은 앞으로 협상을 하면서 더 이상 거짓말을 하지 못할 것이며, 만약 협상 상대가 바뀔지라도 당신이 거짓말하는 상대에게 어떻게 행동하는지 이미 소문이 났기 때문에 상대편 쪽에서 거짓말하는 것 또한 불가능하게 된다.

반대로 내가 거짓말하고, 과장하고, 부풀리는 행동을 하다가 상대에게 걸렸을 경우는 어떻게 해야 할까. 걸리지 않으면 해결된다.

06 | 귓속말을 하지 말자 / 스마트폰 쳐다보지 말자

요즘 기업 면접을 보러 가면 면접관들이 지원자의 답변에 귀 기울이지 않고 스마트폰을 보는 경우가 더러 있다고 한다. 이는 지원자들에게 그 회사에 대한 좋지 않은 인상을 심어주게 하는 아주 예의 없는 행동이다. 협상도 똑같다. 상대방이 앞에 있는데 스마트폰을 쳐다보고, 옆 사람과 귓속말을 한다는 것은 **예의 없는** 행동으로 협상 상대의 기분을 상하게 한다. 이와 더불어 협상함에 있어 옆사람과 귓속말을 할 수 밖에 없다는 것은, 협상이 잘 되고 있지 않다는 것을 의미하는 경우가 대부분이다. 따라서, 당신이 협상 도중에 귓속말을 하면 상대방이 '아, 쟤네 협상이 잘 안되고 있나 보다' 라고 눈치를 챌 수 있기에 협상이 잘 되고 있지 않더라도, 절대 귓속말을 삼가하기 바란다. 불리한 협상이 예상된다면, 협상 전에 '우리 팀' 만이 알 수 있는 신호를 정해 대응하는 전략을 펼치면 된다.

07 | 가끔은 '조금' 더 많은 정보를 제공하자 → 하지만 패를 다 까지는 말자

협상 당사자 간의 **신뢰**가 낮을 경우 당신은 이 문제를 어떻게 해결하는가. 이때 협상 상대방에게 거래에 초점을 맞춘 정보를 가끔은 '조금' 더 많이 제공해 보자. 그럼, 당신과 상대방 사이에 신뢰가 쌓여 협상이 수월하게 되고, 추후 거래가 지속되면서 비즈니스가 커져서 파이를 확장(Extend Pie) 할 수 있는 결과를 얻을 수도 있게 된다. 협상에서의 행동은 상대방에게 거울이 되기도 하는 바, 당신이 소리를 지르면 상대방도 소리를 지를 것이고, 사과를 하면 그 사람도 똑같이 사과하게 된다. 따라서, 당신이 가끔은 '조금' 더 많은 유용한 정보를 상대방과 공유하면, 상대방도 당신에게 유용한 정보를 돌려주게 될 가능성이 높다. 더불어, '**조금 더 많은 정보를 제공하는 전략**'은 적대적 당사자들 간의 **상호 작용**을 긍정적인 방향으로 전환시켜 협상을 원활하게 하고, 이에 따라 원-원 협상을 가능하게 할 수 있다. 하지만, 정보를 제공해서 신뢰를 높여 협상의 효과를 높이라 했다고, 본인의 '패'를 전부 다 보여서는 안된다. 적당히 제공하자.

08 | 나쁜 소식은 한꺼번에 전달하자

행동경제학에는 1979년 대니얼 카네만(Daniel Kaneman)과 트버스키(Tverskey)[14]가 만든 프로스펙트 이론(Prospect Theory)이 있다.

---

[14] 대니얼 카네만(Daniel Kaneman)과 트버스키(Tverskey) : 카네만은 이스라엘 출신 미국 심리학자이자 경제학자로서 현재 프린스턴대학교 명예교수이며 심리학의 통찰력을 경제학으로 흡수한 공로를 인정받아 트버스키와 함께 2002년 노벨경제학 수상자로 선정되었다.

인간은 손실회피성향이 있기 때문에, '이익은 나누고, 손실을 합하라' 내용이 이론의 핵심이다. 협상도 마찬가지다. 협상을 할 때 상대방에게 나쁜 소식을 쪼개서 하나씩 전달하기 보다는, 한꺼번에 전달하도록 하자. 기본적으로 사람은 자신에게 좋은 말은 많이 들으려는 경향이 있으며, 불리하거나 듣기 싫은 말은 들으려 하지 않는 경향이 있다. 똑같은 내용을 전달한다고 하더라도, 어느 시점에서 이 말을 전달하는지, 그리고 어느 내용 뒤에 이 말을 전달하는지에 따라 상대방의 반응은 확연하게 달라진다. 따라서, 나쁜 소식을 전달할 때에는 나눠서 하나씩 전달하는 것이 아니라, 한꺼번에 모아서 전달하는 것이 협상에서 더 긍정적인 결과를 가져올 것이다.

09 | 급하다는 인상을 주지 말자

상대에게 절대 급하다는 인상을 주면 안된다. 협상을 하다 보면 *"내일까지 마무리 해야 되는데 최대한 빨리 답변 주세요"* 라고 하거나 *"지금 바로 결정해주시면 안돼요?"* 라고 하는 사람들이 있다. 만약 필자에게 협상 상대방이 이런 요청을 한다면, 더 느긋하게 협상을 진행하며 협상의 주도권을 가져와 상대를 안절부절 못하게 할 것이다. 그렇기 때문에, 협상에서 급하다는 인상을 주면 절대 안되며, 혹여나 내일까지 꼭 결정지어야 되는 협상이라도, *"이 건은 다음주까지 끝내도 되는데, 서로 피곤하니 오늘 끝내 버리시죠"* 등의 말을 건네며 느긋한 척 협상을 진행하도록 하자. 절대 조급함을 내비치면 안된다. 상대방이 내 생각대로 움직일거라는 착각은 버리기 바란다.

10 | '기한'을 설정하고 협상하자

언론사나 잡지사의 경우 '마감'이라는 단어는 친숙하면서도 멀리하고 싶은 단어일 것이다. 말 그대로 기한 내에 일을 끝마쳐야 하기 때문이다. 하지만, '마감' 기일이 있을 경우 목표를 달성하기 위해 신속하게 움직여서 일을 보다 빨리 마무리하게 될 가능성이 높아진다. 이는 협상도 마찬가지다. 마감 기한을 설정하고 협상에 임할 때, 보다 신속한 결과를 얻을 수 있으며, 협상에 임하는 두 그룹에게 보다 큰 만족감을 안겨 줄 수 있게 된다.

그럼에도 불구하고, '10시간 협상', '릴레이 협상'을 자랑스럽게 보도하는 매스컴이나, 부담스러운 협상이거나, 큰 결정을 내려야 하는 협상을 해야 되는데, 무서운 나머지 협상을 미루는 경우를 종종 볼 수 있다. 이는 어리석은 행위다. 협상을 오래하거나, 미룬다고 해서 모두가 만족할 만한 답이 도출될 가능성은 그 반대의 경우보다 낮다. 오히려 악순환이 계속되고 서로가 지칠 뿐이다. 때문에, 전략적으로 일부러 협상을 오래 끌거나, 피하는 경우가 아니라면, 협상에 임하기에 전에 서로가 '기한을 설정'하여, 지금 다루는 이슈에 대한 답을 언제까지 도출할 것인지에 대한 부분을 사전에 협의하는 것이 바람직하다.

11 | 쉬운 이슈부터 협상하자

'어려운 이슈'와 '쉬운 이슈'가 공존해 있을 때, 일반적인 경우 '쉬운 이슈'부터 협상을 진행하면 편하다. 쉬운 상대로 작은 승리를 거두다 보면, 점차 자신감이 생겨 큰 전투에서도 승리를 쟁취할 가능성이 높아진다는 논리와 같다. '쉬운 이슈'부터 합의를 이끌다 보면, 그 여세로 '어려운 이슈'까지 해결할 수 있다는 자신감이 생기고 창의적 대안을 수립하기 용이해져 협상타결을 이끌어 갈 수 있게 된다. 하지만, 만약 '어려운 이슈'가 해당 협상의 '키 포인트'일 경우에는, '어려운 이슈'를 먼저 해결해야 한다 그렇게 되면, 그 뒤 '쉬운 이슈'들은 일사천리로 진행될 가능성이 높다.

상황 별 협상

"

'I-Message'는 설득력을 높이는
가장 좋은 방법이며,
협상에서 가장 훌륭한
무기는 '숫자'이다.

"

5장

상황 별 협상

① '갑'과 '을'의 협상

협상에 있어서 본인이 항상 갑의 입장이라면 얼마나 편하겠는가, 하지만 현실에서 만나는 협상 상대가 항상 만만할 수는 없다. 어려운 상대, 까다롭거나 고압적인 상사, 시비 거는 이웃, 비협조적인 파트너 뿐만 아니라, 수퍼갑 등 우리가 어렵게 느끼는 유형의 상대를 협상장에서 만나게 될 가능성이 다분하다. 그들이 아무리 강할지라도, 협상은 '준비된 자'와 '준비되지 아니 한 자'의 싸움이므로, NPT를 통한 준비를 보다 철저히 하고, 힘이 모자랄 때는 다른 사람과의 연대를 고려하며, 또 다른 제 3자(사람이 아닐수도 있다고 했다.)를 이용하여 협상에 임해서 이겨 내 보도록 하자. 이번 장에서는 갑과 을의 협상, 어려운 상대와의 협상, 그들을 상대하기 위한 아이-메시지(I -Message), 궁지에 몰렸을 경우에 대처하는 법 그리고, 재협상에 대해 살펴보고자 한다.

01 │ '갑'과 '을'의 협상

©shutterstock

협상이 '불가능한 딜(Deal)'을 던지는 상대방이 있다. 어느 쪽이든 협상이 불가능하고, '받을 것인지, 말 것인지'만 결정하라고 나오는 경우이다. 상대는 수퍼갑 이라 생각하기 때문에 '해도 그만, 안 해도 그만'이란 마음으로 나오니 달리 방법이 없다.

갑질하는 상대와 만났을 때 펼칠 수 있는 전략은 크게 세 가지로 나눌 수 있다. 첫째, **허점찌르기 전략**(Soft Signal)이다. 센 상대이기 때문에 그가 주장하는 것을 주의 깊게 경청하고, 많은 **질문과 칭찬**으로 대응하다가, 상대가 실수를 통해 허점을 보일 때 기회를 엿보는 방법이다. 둘째, **백지수표 전략**(Blank Check)이다. 강한 상대임을 인정하고, '비굴모드'를 보이면서 상대의 자비심을 요구하는 방법이다. 이때, 절대 자신의 '패'는 보이지 않아야 한다. 셋째, **기선 제압 전략**(Hard Signal)이다. 어차피 상대는 갑이라 내 마음대로 협상을 끌고 갈수 있는 가능성은 없다. '갑 인게 뭐 대수냐, 너도 나랑 똑같은 인간이므로, 공평한 관계이다' 라고 생각하고, 강하게 대응하는 방법이다.

반대로, 갑이지만 너그러운 상대를 만났을 때 취할 수 있는 두 가지 전략은 첫째, **교환의 법칙**(Rule of Exchange)으로, 이번에 도와주면, 다음에 꼭 '보답하겠다'고 하며 협상에 임하는 방법이다. 이 경우는 상대의 개인 성향이 강한 것이 아니라, 상대편의 내부적인 문제 혹은 수퍼갑이라는 본인이 처해있는 조직적인 상황 때문에 협상 자리에 나온 상황이므로, 상대에게 문제의 '해결방법'을 정중히 요구한 다음, 동지의 입장에서 문제를 '함께' 풀어나가는 방법이다. 두 번째, **허풍전략**(Bluffing)으로 앞서 얘기한 기선제압 전략과 일맥상통하며, 허세를 통해 강하게 대응하는 방법이다.

위와 같이 갑을 상대하는 여러 가지 방법이 있으나, 실상 중소기업이 대기업의 요구를 거절하거나, 본인의 입맛에 맞게 협상을 끌어 나가기는 현실적으로 힘들다. 실전에서 갑질하는 상대에게 위의 전략들이 먹힐 가능성은 10%가 되지 않으나, 아무것도 안할 수는 없으니 위의 전략들을 사용하여 최대한 협상 테이블에서 강한 협상을 해보도록 노력은 해보자. 하지만, 갑을 이길 수 있는 유일한 방법은 회사를 **키워** 대안을 만들거나, 여러분 자신의 힘을 키워, 그런 나쁜 거래처와는 거래 하지 않는 것임을 명심하자. 힘을 키우자.

02 ▎어려운 상대와의 협상

어려운 상대를 크게 세 가지 유형(갑과 을의 협상 제외)으로 나누고, 그들을 대하는 방법을 살펴 보자.

1) 상대가 결정이 빠르고 우발적인 경우

평소 상대방의 의사를 확인하지 않고, 자기중심적 사고를 바탕으로 빠르고 우발적인 의사결정을 하는 팀장이 있다. 어느 날, 평소 일 잘하고, 여름휴가도 다녀오지 못한 부하 직원이, 부모님 요양을 위해 일주일 간 휴가를 신청했다. 하지만, 팀장은 계획되지 않은 휴가는 불가하며, 업무가 많은 시기이므로 휴가를 절대 보내줄 수 없다고, 단호하게 반응한다.

위 팀장의 경우, 자기중심적 사고를 가진 사람으로, 본인이 익숙한 내용에 대해서는 상대방이 처한 상황을 고려하지도, 왜 휴가를 신청했는지 질문도 하지 않은 채, 반사적으로 빠르고 우발적인 결정을 내리고 있다. 하지만, 익숙한 일이라 할지라도, 사람의 사고는 완벽하지 않기 때문에 판단에 '오류'가 생기기 쉽다. 그로 인해, 팀장과 직원간에 가능했던 윈-윈은 고려하지 않은 채, 본인만을 위한 윈-루즈의 결과를 선택해 버린 경우다.

이처럼 협상 상대방의 결정이 빠르고, 우발적이라면 다음 세 가지의 방법을 고려해 보자. 첫째, 협상의 상대에게 충분히 생각할 수 있는 시간을 줘야 한다. 아무리 이성적이고, 똑똑한 사람이라도 시간에 쫓기면 좋은 결정을 할 수 없다. 담배 하나 피우고, 맛있는 식사하고, 커피한 잔 마시면서 긴장을 풀고 이성적으로 생각할 수 있도록 의도적으로 시간을 만들어 주는 것이다. 둘째, 상대가 '좋은 협상 자세'와 '행동'을 보일 수 있도록 판을 짜야 한다. 그렇기 위해서는 상대에게 한꺼번에 문제를 얘기하는 것이 아니라, 단계적으로 메시지를 전해 상대가 이성적인 생각을 하게끔 유도해야 할 것이다. 셋째, 상대를 코너에 몰지 말아야 한다. 아무리 상대가 밉고, 비합리적이라 할지라도 코너로 밀어붙이면, 거친 말을 쏟아낼 것이 분명하기 때문이다. 이러한 절차를 따르면, 상대의 결정이 우발적인 것이었기에 그 결정이 철회될 가능성이 높아진다.

위 사례의 경우에는 첫째, *"팀장님, 바쁜 시기이긴 하지만, 제가 부모님 요양을 위해 일주일 쉬더라도 회사 업무에 무리가 없게 할 방법이 있을 것 같습니다. 점심 식사 이후에 시간 좀 내주시겠습니까"* 라고 하면서 협상의 상대에게 충분히 생각할 수 있는 시간을 주자. 둘째, 점심 후 미팅이 시작되면, *"제가 몇 가지 아이디어를 생각해 보았습니다."* 라고, 템포를 조절하고 상대에게 단답형을 요구하기보단 단계적으로 메시지를 전하되, 대안을 생각할 수 있게 여운을 두고 시간차를 두면서 충분히 이해시키는 것도 하나의 방법이다. 셋째, 미팅 중간에 상대가 이해해주지 않더라도, 코너에 몰지 말고 참으며, *"미리 말씀드*

리지 못해서 죄송합니다. 팀장님 생각은 어떠십니까?" 라고 해보자.
그러면, 팀장은 본인의 결정이 많은 생각 후에 나온 것이 아니라, 우발
적인 결정이었기에 이를 철회할 가능성이 높아질 것이다.

2) 상대가 의도적으로 강하게 나오는 경우

평소에는 사근사근하고, 착하던 거래처 부장이 협상에만 들어가면, 다
짜고짜 화를 내고, 감정적으로 건드리고, 우리 회사를 무시하고, 본인
잘났다고 목에 핏줄이 팽창할 때까지 목소리를 높인다. 짜증은 나지
만, 나보다 나이도 많고, 협상이 끝나면 평소대로 소주도 사주고, 당구
도 같이 치는 착한 사람이라 어떻게 해야 할지 모르겠다. 다음주에 또
협상해야 되는데, 시작 전부터 기분이 좋지 않다.

전형적으로 협상은 전투적으로 임해서, 이겨야 된다고 믿는 사람이기
에, 의도적으로 강해 보이고 싶어, 고압적인 자세로 협상에 임하는 모
습을 보이고 있다. 이런 사람이 협상 상대방이라면 다음과 같은 방법
을 사용해 보자.

첫째, 상대방에게 여기까지만 참을 수 있다고 확실히 말하자. 기분이
나쁘고, 마음이 상했음에도 끝까지 성인군자처럼 참을 필요는 없다.
협상은 한번만 하는 것이 아니라, 다음 번에도 계속되는 게임이므로,
당신이 계속 싸움을 피하더라도 상대의 도발은 계속될 것이다. 따라
서, 더 이상 참을 수 없다고 단호하게 반응해야 한다. "만약 당신이 더
유연할 수 없다면, 다른 상대방을 찾아야 할 겁니다.", "계속 강압적이

시면, 협상에 더 이상 응하지 않겠습니다." 때로는 '이'에는 '이', '눈'에는 '눈' 전략이 현명하다. 둘째, 협상 테이블에 다른 사람을 추가하자. 당신 회사 사람을 한 명 더 부르고, 상대방 측 사람도 한 명 더 부르게 하고, 협상을 재개하자. 협상에도 궁합이 있고 사람의 '기' 라는 것이 있다. 이런 경우 서로 윤활 작용을 하는 제 3자를 투입함으로써 더 유연하게 협상에 임할 수가 있는 것이다. 셋째, '협상 결과에 대한 요약'을 다른 사람들과 공유하자. 그렇게 되면, 협상 결과를 다른 사람들이 알게 되고 상대는 남의 시선과 평가를 의식하기 때문에 좀 더 원활하게 협상을 진행할 수가 있다.

몇 달 전에 케켄의 담당자가 퇴사하고, 후임으로 오래 전에 비에이치앤컴퍼니를 담당했으나, 지난 몇 년은 일본시장을 총괄했던 15년 경력의 베테랑인 리고(Rigo)가 돌아왔다. 비에이치앤컴퍼니의 담당자는 이제 업계 2년차 루키인 스티븐(Steven)인데, 리고가 복귀하자 마자 스티븐 길들이기의 일환으로 경력이 없다고 무시하기 시작하더니, 점점 더 도를 넘어가기 시작한다.

"헤이 스티븐, 넌 이 바닥 경력이 짧아서, 이런 거 모르지, 내 말 들어."
"무슨 소리야, 나도 하드 트레이닝 받아서 알건 다 알아."
"스티븐, 니가 뭘 알아 그냥, 내가 시키는 대로 해."

스티븐은 참을 만큼 참았고, 드디어 터트린다. "리고, 난 너의 부하직원이 아니고, 협상 파트너야, 계속 강압적이면 너랑 일 못해." 라고 말하는 동시에, 임OO 이사를 투입한다. "리고, 너네들 대화에 끼어 들어 미안하지만 한마디 해야겠다. 너 처음 케켄 입사하고 어리버리했을 때 기억나지?, 난 그때도 너 존중했었는데. 스티븐을 좀 존중했으면 좋겠어, 만약, 자꾸 까불면 협상 파트너로 내가 다시 들어 갈꺼야." 이후 리고는 스티븐과 긴 통화 끝에 사과하였고, 스티븐은 그 통화내용을 정리한 이메일에 관련인물들 전원을 참조(cc)로 넣고 공유하여, 모두에게 리고가 사과했음을 알렸다. 지금도 두 사람은 가끔 싸우긴 해도, 무난하게 협상을 이어가고 있다.

3) 상대가 변덕스럽고, 예의 없고, 이기적이고, 고집스러운 경우
때로는 질풍노도의 시기에 있는 중학교 2학년 학생들처럼 변덕스럽고, 예의 없고, 고집스러운 사람들과 협상할 때도 있다. 이런 상대들에게 논리적으로 접근해봐야 이해도 못하고, 더 변덕스럽게 만들기 십상이니, 중학교 2학년 학생들 심리상담 해준다 생각하고, 상대의 상황을 인정해 주면서, 윈-윈 할 수 있게 전략을 세워야 한다.

금요일 저녁 6시, 퇴근 후에 바로 가족들과 강릉으로 1박 2일 여행을 가기로 약속했기 때문에, 들뜬 마음으로 운전을 하고 집에 가고 있는데 변덕이 죽 끓듯 하고, 예의 없기로 소문난 팀장의 전화가 온다. "어, 난데, OO회사에서 온 제안서 월요일까지 좀 봐줄 수 있나? 내가 지금 가족들이랑 제주도를 가야 해서, 지금 공항 가는 길이야. 문제없지? 이 제안서 중요하다는 거 알지? 마무리 잘해 놔" 뚝….

이런 상황에선 욕부터 나올 지도 모른다. "팀장님 그 일은 팀장님이 지난 3주동안 해오셨고, 제가 저번에 도와드릴 거 있냐고 하셨을 때 없다고 하지 않으셨습니까? 저도 가족들이랑 오랜만에 휴가 가기로 했습니다. 안됩니다." 이러한 방법을 취하면 관계만 악화될 뿐이다. 그렇다고 해서, "예, 저한테 맡겨주십시오." 라고 대답한다면 실망한 가족들의 얼굴과 불공평한 팀장에 대한 분노가 생길 것이 뻔하다. 또한, 주말이라 다른 직원들에게 부탁하기엔 미안해서 못하겠고, 영락없이 일이 내게 떨어진 느낌이다. 이번 뿐만 아니라, 매번 이러니 정말이지 미치겠다.

때로는 확실하게 '노'라고 말할 때가 있어야 하지만, 이 경우 '노'라고 말하면, 변덕스럽고, 이기적이고, 예의 없는 상사와 좋은 관계를 유지하기 힘들어 앞으로의 회사생활이 피곤해진다. 이러한 경우, 샌드위치처럼 '노'를 '예스' 사이에 쌓아 놓은 'YES-NO-YES' 형태로 이야기해 보자. 도저히 불가하다고 전하되, 우회적으로 '노'를 외치는 방법이다.

위 사례의 경우에는 (예스) "팀장님도 여행 가시는군요, 제주도 날씨 좋다던데, 즐겁게 다녀오시기 바랍니다. 제안서 건은 미리 말씀해주셨으면 여행가기 전에 끝낼 수 있었는데, 많이 아쉽습니다." (노) "저는 3년 만에 가족들과 여행을 가기 위해 가족들 태우러 가는 중입니다. 장모님과 와이프 그리고, 어린 아이들과 3달 전부터 약속한 지라, 빠지기 어려운 상황입니다." (예스) "오늘 오전이라도 빨리 말씀해주셨으면, 제가 기꺼이 도와 드렸을 텐데, 그래도 혹시 해결할 수 있는 방법이 있는지 제가 나서서 찾아볼까요?"

방법을 찾아보겠다고 하면 팀장 입장에서는 그냥 괜찮다고 휴가 잘 다녀오라고 할 확률이 높다. 만약 그렇게 얘기했는데도 휴가 가서 일을 마무리 지으라고 한다면, 그 곳은 더 이상 당신이 머물러 있을 곳이 아니니 당장 사표를 던지면 된다.

03 │ 아이-메시지(I-Message)를 활용하자

갑을 이길 수 있는 유일한 방법은 회사를 키워 대안을 만들거나, 여러분 자신의 힘을 키우는 것이라고 했다. 힘을 기르기 전에 무엇이라도 해보고 싶다면, **아이-메시지(I-Message)**를 이용해 보기 바란다.

항상 원하는 방향으로만 협상이 흘러간다면 더할 나위 없이 좋겠지만, 돌발 변수도 많고 진전이 더딘 경우도 생기기 마련이다. 또한, 우리 쪽에서 아무리 설명해도 상대가 '안된다'는 식으로 나올 경우 보통 협상을 포기하거나 싸우게 된다. 그럴 경우 '아이-메시지'를 사용하여 협상을 긍정적인 방향으로 이끌 수 있다. '아이-메시지'는 내가 협상 중에 처한 상황(Fact), 감정(Feeling), 의도(Intention) 등을 솔직하게 상대방에게 전달하는 메시지이다. 이를 통하여 상대방에게 신뢰를 주고 감정에 호소하여 부정적 상황을 순화시킬 수 있으며, 상대에게 내가 논리적이고, 설득력 있으며, 만만하지 않다는 인상을 심어 줌으로써 앞으로도 상대와 계속될 협상에서 조금은 더 유리해질 수 있게 된다.

'아이-메시지(I-Message)'는 총 5단계의 순서로 상대방에게 전달하며, 그 순서는 **상대방에게 마음 준비시키기, 사실 말하기, 감정 말하기, 의도 말하기, 상대 답변 듣기** 순으로 진행된다.

대기업에 납품을 하는 중소기업이 있다. 대기업은 납품하던 제품의 단가를 20% 인하할 것을 요구하는데, 당신의 입장에서는 절대 받아들일 수 없는 제안이다. 그럼에도 불구하고, 상대는 막무가내로 받아주기를 강요한다. 이때 우리는 '아이-메시지'를 사용할 수 있다.

1) 상대방 마음 준비시키기(Labeling)

상대방이 마음의 준비를 하고, 내 이야기를 들을 수 있도록 유도한다. *"지금까지 말씀하신 납품가 20% 인하요청에 대한 제 입장을 솔직히 말씀드려도 되겠습니까?"* 아무리 앞뒤가 막힌 사람이라 할지라도, *"아니요, 그럴 필요 없어요."* 라고 반대 할 가능성은 거의 없다. 상대방은 당연히 그렇게 하라고 할 것이다.

2) 사실 말하기(Fact)

이 과정에서 말하게 되는 주제 즉, '사실(Fact)'은 양쪽 모두에게 논쟁의 여지가 없는 것에 국한시켜야 한다. 논쟁의 여지가 있는 사실을 언급할 경우, 상대는 듣던 이야기를 끊을 수 있으므로 삼가고, 내가 이런 제안을 할 수 밖에 없는 근거를 제시하는 정도면 족하다. *"작년에*

이미 10% 납품가 인하를 했고, 올해 원재료 가격 또한 10%가 인상되었으며, 코로나로 인해 회사 수익 또한 반토막이 났습니다."

3) 감정 말하기(Feeling)

상대방의 태도나 무리한 제안에 대한, 본인의 감정을 솔직하게 말하는 것으로, 단순 비난이나 지나친 감정 몰입은 금물이며, 기분이 좋지 않다는 느낌 정도만 전달하는 것이 중요하다. *"그럼에도, 추가 납품가 인하를 20%를 요구하신다면, 우리 회사가 망해도 괜찮다는 것으로 들립니다."* 혹은, *"위험에 처하면서까지 계약을 진행하는 것은 아니라고 생각하며, 설사 이 조건으로 계약을 하게 되더라도 회사 대표님과 직원들을 볼 면목이 없을 것 같습니다."*

4) 의도 말하기(Intention)

이제, 실제로 당신이 말하고자 하는 내용을 밝히는 순서다. *"우리 회사를 살려 놓아야, 귀사 입장에도 좋은 것 아닙니까. 품질에 맞는 가격을 제시해주시는 것이 장기적인 측면에서 유리하다고 생각합니다."* 혹은 *"장기적으로 양사의 이익을 위해서, 이번에는 5% 인하만 했으면 좋겠다는 것이 제 생각입니다."*

5) 상대 답변 듣기(Feedback)

마지막으로, 당신의 의견에 대한 상대의 답변을 요구하는 순서다. 이때는 상대하게 매우 '정중하게' 요청하기 바란다. *"지금까지, 제 입장에서 말씀드렸습니다. 혹시라도, 기분 나쁜 부분이 있었다면, 너그러*

이 용서 하십시요. 제 의견을 어떻게 생각하시는지 듣고 싶습니다."

당신의 '아이-메시지(I-Message)'를 이용한 발언을 들은 상대방은 어떤 생각이 들까. 당장 5% 납품가 인하 요구를 들어 주지 않을 지라도, '이 친구 만만치 않은데, 쉽게 보면 안되겠어' 혹은 '똑 소리 나는 친구네, 아주 논리적이야.'라는 생각을 할 가능성이 높다. 상대의 이런 생각은 추후 협상에서, 당신에게 유리하게 작용하여, 상대가 이전처럼 무리하게 요구 할 가능성이 줄어들 것이다.

평소에 친구와 싸웠거나, 부모님과 견해 차이가 발생했을 때 '아이-메시지(I-Message)'를 연습해 보자. 실전협상에서 유용하게 사용할 수 있게 될 것이다.

▌아이-메시지(I-Message) 5단계

1	상대방 마음 준비시키기(Labeling)
2	사실 말하기(Fact)
3	감정 말하기(Feeling)
4	의도 말하기(Intention)
5	상대 답변 듣기(Feedback)

> **Practice 10** 상대방이 '거절'하는 상황을 설정하고, 'I-Message로 말하기'를 적용해 보자.

상대방 마음 준비시키기 ➡ 사실 말하기 ➡ 감정 말하기 ➡ 의도 말하기 ➡ 상대 답변 듣기

04 ┃ 궁지에 몰렸을 때 대처 법

협상의 과정이 당신에게 불리하게 흐르고 있는 것을 감지한다면 당신은 어떻게 하겠는가. 다음 네 가지 방법을 이용하자.

첫째, **동반자 관계(Mutual Benefit)**를 강조해 보자. 협상은 일회성이 아니다. 협상테이블에 앉아 있다는 것은 상대방도 나를 필요로 한다는 것이므로, 장기적인 유대관계를 어필하는 것도 필요하다. 하지만, 이는 누구나 예상할 수 있는 방법이며, 말만 번지르르 할 뿐 실제로는 아무런 도움도 되지 않는다.

때문에 둘째, **권한을 전가하는** 방법을 추천한다. 협상이 종착으로 치닫고 있는데, 도무지 열세를 뒤집을 방법도, 아이디어도 없을 때 사용할 수 있는 방법이다. "*대표님 말씀 잘 들었습니다. 오늘 논의된 사항은 회사 복귀 후 대표님께 보고하고 결정하면 연락 드리도록 하겠습니다.*" 이렇게 되면, 상대방은 '이게 뭐야, 결정권자 아니었어, 시간 낭비 했구만 젠장' 하며, 어이 없고, 기분도 썩 유쾌하지 않을 것이다. 그

럼, 만약 당신이 최고 의사결정권자인 대표이사의 자격으로 협상에 임하다가 코너에 몰릴 경우에는 어떻게 할 수 있을까. 권한을 전가하거나, 핑계를 댈 다른 사람도 없다. 이 경우는, *"오케이 좋습니다. 내가 대표이사이긴 하지만, 해당 사항은 김00 팀장이 총괄하기에 그와 논의하겠습니다."* 와 같이 권한을 전가 할 수 있으니, 꼭 그 자리에서 무언가를 결정할 필요는 없다. 이 경우에도 상대방의 기분은 좋지 않을 거다. 맞다. 이 방법의 목표는 상대의 기분을 상하게 하여, 현 협상을 종료하고 다음번 협상의 기회를 노리는데 있다.

셋째, 협상 중간에 **자리를 비워보자.** 지지부진하게 혹은 상대방에게 유리하게 협상이 진행될 경우, 협상 중간에 *"담배 한대 피고 오겠습니다"*, 혹은 *"물 한잔 마시고 오겠습니다."* 하며 자리를 비워 보자. 이는 스포츠 경기에서 지고 있을 때 작전타임을 불러 상대방의 맥을 끊는 것과 일맥상통한다. 이 시간을 이용해, 바람도 쐬고, 생각도 정리한 후, 새로운 마음으로 다시 협상에 임하는 것이다. 그럼, 만약 당신에게 유리하게 협상이 진행되고 있는 상황에서, 협상의 상대방이 협상 중간에 자리를 비우겠다면 어떻게 하겠는가. 간단하다. 같이 따라 나가면 된다.

넷째, 일시적으로 협상 **중지**를 하거나, 협상을 **연기**하자. 모든 협상의 결과를 꼭 '당일'에 얻어 낼 필요는 없다. 특히, 당신이 궁지에 몰리고 있을 경우는 더욱 더 협상을 계속할 이유가 없다. *"팀장님, 제가 몸살 기운이 있는 것 같아요. 더 이상 자리에 앉아 있기 힘드니, 죄송하지만*

협상을 내일로 미뤄야겠습니다." 아프다는 상대를 붙잡고, "안됩니다, 협상 마무리 해야지요." 하는 상대는 드물다. 이러한 전략은 협상 중 상대방이 흥분하여 화를 낼 때도 유용하게 사용할 수 있으니, 참고하자. 일시적 협상 중지를 하거나, 협상을 연기함으로써, 잠시 휴식을 가질 수도 있고, 새로운 아이디어로 심기일전하며 다음번 협상을 유리한 방향으로 재개할 수 있음을 명심하자. 바쁠수록 돌아가는 것도 비즈니스에서는 필요하다.

05 | 재협상

모든 협상이 항상 당신에게 좋은 방향으로 흘러가는 것만은 아니다. 협상이 원하지 않았던 방향이나 잘못된 방향으로 흘러가는 것을 느꼈다면, '**재협상**'을 시도하는 것도 협상을 원하는 방향으로 돌리는데 도움을 줄 수 있다.

2007년 시카고시 정부는 벌금과 주차요금으로 2,300만 달러를 걷어들였지만, 시는 5억 달러의 재정 적자에 허덕였다. 그에 따라, 2008년 2월 데일리(Richard M. Daley) 시카고 시장[15]은 시내에 있는 3만 6,000개 주차 요금기에 대한 비공개 입찰을 통해 10개 입찰업체 중 1곳을 선택했고, 같은 해 12월, 투자은행 모건스탠리가 설립한 CPM(Chicago Parking Meters)에 향후 75년간 약 12억 달러를 받는

---

[15] 데일리(Richard M. Daley) 시카고시장 : 1942년 생으로 1999년 처음 시카고 시장으로 당선된 이후 2003년과 2007년에 연이어서 시장에 당선되었으며 2011년부터 시카고대학교 공공정책대학원 선임연구원으로 활동하고 있다.

조건으로 주차 요금기와 관련된 모든 권한을 양도하는 계약을 체결했다고 발표했다. 시 의회는 계약 조건을 제대로 알지도 못한 채 데일리 시장이 요구하는 대로 계약을 승인했다. 늘 있는 일이었다. 그로 인해 2009년 2월부터 주차 요금기에 대한 모든 권한은 CPM으로 넘어갔다. 그 후, 주차 요금이 오르기 시작했고, 요금이 2배로 뛴 지역도 있었다. 주차할 만한 공간이 조금이라도 있으면 곧장 요금기가 설치되었으며, 요금을 지불해야 하는 시간대도 늘었다. 또한, 요금기 고장과 서비스 불만 사례도 폭증했다.

시민들은 거세게 반발했으며, 거리의 요금기는 파손됐고, 급락한 데일리 시장의 지지율은 회복될 줄 몰랐다. 조사에 나선 시 감사 당국은 계약을 담당한 시 정부의 최고재무책임자가 향후 75년에 걸친 주차 요금 시스템의 가치를 제대로 계산하지 않았으며, '계약이 불공정하며, 의심스럽다'라고 발표했다. 결국, 2010년 8월 CPM은 투자자에게 시카고 주차 요금기 관련 계약의 예상 수입을 공개했고, 유효한 계약기간인 2084년까지 예상되는 시카고 주차 요금 수입의 순현재가치가 116억 달러에 이른다고 밝혔다. 이는 시 정부가 모건스탠리로부터 받은 금액의 10배가 넘는 액수였으며, 주차 요금이 소비자 물가 지수와 연동된 만큼 요금이 오르면 수입은 더 늘어날 가능성이 높았다. 시카고시가 이 계약을 통해 재정적자 문제를 해결한 것이 아니기에, 새 시장이 취임한 2011년, 시카고시는 또 다시 심각한 재정 문제에 직면하게 된다.

시카고시의 사례는 계약이 체결됐다고 해서 모든 일이 해결되지는 않는다는 것을 보여준다. 계약의 성공과 실패를 가늠하는 잣대는 '계약 체결 후 상황이 어떻게 변했느냐'이다. 하지만, 많은 계약 당사자는 협상에만 너무 집중한 나머지, 계약 체결 이후 약속을 이행하는 과정에서 겪게 되는 함정과 낭패를 예상하지 못한다.

편파적이고 부당한 협상 때문에 어려움을 겪고 있을 때, 성공적인 재협상을 위한 방법을 소개한다. 첫째, 상대방의 주의를 끌고, 재협상을 요구한다. 객관적인 증거자료를 보내거나, 화를 내거나, 미디어를 이용해 상대방에게 공정성을 호소하면서, '상대방의 주의'를 끌고 난 후, 불공정 거래의 상대방에게 재협상을 요구하는 것이다. 이왕이면, 계약 기간이 끝나기 전에 협상을 재개하고, 특히 설득력 있는 증거가 있는 경우 바로 시작하자. 그들이 받아들이지 않는다면, 당신이 강력한 행동을 취할 수 있다고 있음을 인지하게 하고, 소송까지도 불사해야 한다. 하지만, 가능하다면 극단적으로 치닫지 말고, 효율적이고, 저렴하며, 평화적으로 해결될 수 있는 요건을 만들도록 노력하자.

미국에서 한미 FTA가 부당하다고 재협상을 요구한 것도 같은 맥락이다. 그들은 수출입 데이터를 들이밀고, 방송을 이용해 한국이 너무 많은 이익을 취했다고 주장했으며, 이런 내용이 한국본토까지 충분히 알려졌다고 생각하는 순간, 우리에게 FTA 재협상을 요구했다.

위 사례의 경우, 시카고 주 정부는 모건 스탠리와 재협상을 위해 '상대방의 주의'를 다음과 같이 끌었다. 시카고 시의 새로운 시장인 엠사무엘은 2011년에 CPM이 거리 폐쇄로 인해 발생한 1,200만 달러의 손실을 청구서로 제출했을 때 지불을 거부하면서, CPM이 근거로 제시한 '상환권 법안'에 대해 미디어를 통해 공개적으로 비판했다. 또한, 엠마누엘시장은 시카고 시의 최고 재무 책임자(CFO)와 저명한 헤지펀드 관리 파트너 마이클 삭스(Michael Sacks)를 포함한 법무팀을 구성하여 법안과 싸웠다. 이러한 방법은 모건스탠리의 주의를 끄는데 효과적이었고, 추후 CPM을 협상테이블에 앉히는데 중요한 역할을 했다.

둘째, 협상 계약의 **중재자**를 두자. 협상가들의 부단한 노력에도 불구하고 분쟁이나 의견 차이는 필연적으로 발생하게 되므로, 혹시 모를 분쟁에 대비하여야 한다. 하지만, 모든 협상에 변호사를 대동할 수는 없는 바, 재협상, 중재 또는 중재가 필요한 구절을 계약에 추가한다면 도움이 될 수 있다.

셋째, 당신을 도울 수 있는 **제 3자**를 두자. 내가 협상에 관한 모든 것을 알 수 없고, 어렵고 복합적인 협상일수록 여러분을 도와 줄 제 3자가 필요함으로 평소에 인간관계 형성에 힘쓰자. 위 사례에서 엠마누엘시장은 시의 최고 재무 책임자(CFO)와 저명한 헤지펀드 관리 파트너 마이클 삭스(Michael Sacks)의 도움을 받았다.

② 이메일 협상

요즘은 코로나로 인해 직접 대면해서 하는 협상이 현저히 줄어들고, 줌(Zoom) 등을 통한 비대면 협상이 많아지고 있다. 비대면 협상이 직접 대면하는 협상과 다른 점은 상대방 의중을 읽기가 '대면'보다 어렵고, 협상이 끝난 후에 식사도 같이 하고, 술도 한잔 하는 등의 개인적 친분을 쌓을 기회가 없다는데 있다. 이 두 가지 협상과 별개로 실제 사회생활 하면서 제일 많이 하는 협상은 이메일을 통한 협상이다. 이메일로 하기에 상대적으로 주목을 받는 협상 분야는 아니지만, 실상에서의 사용 빈도, 선호도 그리고 비니지스에 미치는 영향은 상당하다. 이메일 협상을 할 때 주의해야 할 점 몇 가지를 뽑아 보았다

첫째, 상대방의 이메일을 읽고, 또 읽어, 빈틈을 찾아라. 거래처나 어려운 상대에게 이메일 보낼 때 여러분은 대충 작성해서 보내는가, 아니면 심혈을 기울여서 작성하는가. 상대가 어려울수록 이메일을 작성하는데 공을 들여, 단어 선택도 신중하게 할 것이고, 썼다, 지웠다를 반복해서 최상의 문장을 만들기 위해 신중을 기할 것이다. 이처럼, 심혈을 기울여 이메일을 작성하는 것은 여러분의 협상 상대도 마찬가지다. 그런데, 상대방의 이메일은 대충 읽어 보고 답장을 하는 사람들이 의외로 많다. 이메일 협상의 첫걸음은 상대가 공들여 쓴 이메일을 읽고 또 읽어서 빈틈을 찾는 것에서 시작한다. 정성을 들여 쓴 상대의 이메일을 통해, '대면 협상'에서 하였던 것처럼, 상대방의 욕구를 찾고,

배트나를 분석하고, 빈틈을 공략하도록 노력해보자.

둘째, 아이-메시지(I-Message)를 **적절히** 그리고, **변칙적으로** 사용해
보자. 대면협상이나 전화를 통한 협상을 할 경우에는 한번 내뱉은 말
은 주워 담을 수가 없으니, 상대방 마음 준비시키기(Labeling), 사실
말하기(Fact), 감정 말하기(Feeling), 의도 말하기(Intention), 상대 답
변 듣기(Feedback)의 순서대로 하는 것이 효율적이고, 논리적이다.
하지만, 이메일처럼 '고치고', '바꾸고'가 가능한 '글을 통한 협상'의
경우에는 상황에 따라서 아이-메시지의 순서를 변칙적으로 바꾸고,
사실 말하기(Fact)에 초점을 맞출 것인지, 감정 말하기(Feeling)에 초
점을 맞출 것인지 미리 정하여 그 분량을 조절하는 것을 추천한다. 또
한, 상대방 마음 준비시키기(Labeling)의 경우는 이메일로 할 때 효과
가 떨어지기에 **빼고** 작정하여도 문제는 없다.

셋째, **단락**을 구분하자. 메일을 쓸 때 단락구분 없이 쭉 나열해서 쓰는
사람들이 많다. 이럴 경우 가독성이 떨어지기에 메일을 읽는 당사자가
집중해서 읽기 어려워, '메일의 의도'가 정확하게 전달되지 않을 수도
있다. '알리고자 하는 포인트'에 따라, 단락을 구분하거나 숫자로 넘버
링(Numbering)을 해서 명확한 의미전달이 가능하도록 하자.

넷째, **숫자와 논리적 근거**를 이용해 설득력을 높이자. 대면 협상에서
도 '숫자'와' 논리적 근거'를 바탕으로 설득할 때 효과가 높다. 이는 이
메일에서 더욱 더 빛을 발한다. 한글이나 영어가 계속되는 이메일에서

'중간중간 보이는 숫자'는 상대에게 믿음을 주며, 설득하기 위해 사용되는 '논리적 근거'는 상대방이 당신을 만만하게 보지 못하게 하는 효과까지 가져온다. 예를 들면, '경기가 너무 좋지 않아서, 소비가 줄어들었습니다.'라고 '추상적'으로 작성하기 보다는 '작년에 비해 실업률이 5.4퍼센트 증가하고, 경제성장률이 3.9퍼센트 떨어지는 등 경기가 좋지 않습니다. 이로 인해 마트 매출이 24퍼센트 감소했고, 식당 부도율이 12퍼센트 증가하는 등 소비가 급격이 줄어들었습니다.' 처럼 숫자와 논리적 근거를 습관적으로 넣어보자.

다섯째, **급하다**는 인상을 주지 말자. 이런 실수는 대면협상에서도 자주 보이는데, 이메일 협상에서는 더더욱 하지 않아야 할 부분이다. 설령 내일까지 꼭 결정해야하는 사안이라도, 절대로 상대방에게 노출하지 말자. (협상팁 9번 참조)

여섯째, 당신의 **감정**을 살짝 보여 주자. 대면 협상의 경우 기분이 상할 경우 표정이나 태도를 통해 상대방이 알아챌 수 있고, 알아채지 못하더라도 '말'을 통해 기분이 상했음을 쉽게 전달할 수 있다. 하지만, 이메일 협상에서는 당신이 스스로 알리지 않는 한 당신의 정확한 감정을 상대방이 알 길이 없다. 또한, 나쁜 감정을 그때 그때 전하지 않으면, 나중에 오히려 더 크게 부딪히는 경우가 있으니, 당신의 감정을 살짝 보여주자. 이때, 대면협상과 마찬가지로 과도하게 감정을 보이는 것 보다는, '매출 부분 말씀하실 때, 살짝 마음이 상하긴 했었습니다.' 정도의 순화된 표현으로 감정을 내보이도록 하자.

마지막으로, 이메일 협상이 어려워질 경우, 협상 중간에 **전화 통화**를 하자. 이메일로만 협상을 진행할 경우, 말로 하는 것보다 더디게 협상이 진행될 뿐 아니라, 글자가 주는 딱딱함 때문에 의도하지 않은 오해나 충돌이 발생할 수 있다. 이 경우는 지체하지 말고, 전화를 해서 본인의 감정과 의도를 전하여 이메일 협상에 윤활 역할을 하게 하자. 이때 만약 통화내용이 당신에게 유리할 경우, 통화내용을 이메일로 작성하여 관련 인물들도 그 내용을 정확히 알수 있게 참조(cc)하여 발송하면 효과적이다.

아래표는 '아이- 메시지'를 이용해 아주 간단한 답장을 보낸 사례이다.

▎이메일 1(동영상 촬영 이메일에 대한 답변)

Richard Bae <| @bhncompany.com>   11월 13일 (금) 오후 3:46 (13일 전)
고 애게 ▾

안녕하세요, 고 주임님,

장문의 메일 감사한 마음으로 잘 읽었습니다. 사실 저는 강의나 강연으로 먹고 사는 전문 강사 아니고요, 그래서 특별한 경우를 제외하고는 대부분 거절하고 있습니다. 하지만, 고 주임님 고마운 제안 검토해 보고 싶습니다.

다음주 월요일이나 화요일 오후 2시 쯤 미팅 가능한데, 어떠신지요.
참고로 제 전화번호는 010-6286-7 입니다.

배 헌 드림

얼마 전 있었던 '동영상 촬영 요청'에 대한 답변 이메일이다. 고주임은 '동영상 촬영'을 아주 정중하게 요청하였고, 그 정중한 이메일에 마음이 쓰여, 검토해보겠다는 내용의 답장이다.

- **상대방 마음 준비시키기(Labeling)** : 생략했다.
- **사실 말하기(Fact)** : 장문의 메일 감사한 마음으로 잘 읽었습니다. 사실 저는 강의나 강연으로 먹고 사는 전문 강사 아니고요, 그래서 특별한 경우를 제외하고는 대부분 거절하고 있습니다. '사실'만 넣었으며, '대부분 거절한다'는 내용은 고주임이 업계에 전화 몇 통하면 확인 가능한 사항이다. 과장이나 거짓말은 절대 금물이다.
- **감정 말하기(Feeling)** : 하지만, 고OO 주임님 고마운 제안 검토해 보고 싶습니다. '기회 주셔서 고맙습니다' 처럼 감정을 완전히 보이는 대신, '고마운 제안 검토해 보고 싶습니다'로 완곡한 표현을 통해 '기분이 나쁘지 않았음'을 나타냈다.
- **의도 말하기(Intention)** : 다음주 월요일이나 화요일 오후 2시쯤 미팅 가능한데, 주저리 주저리 돌려서 말하지 않고, 단도직입적으로 표현했다.
- **상대 답변 듣기(Feedback)** : 어떠신지요. 이 또한 간단명료하지만, 기분 상하지 않게 썼다.

이메일 2(케켄의 단가인상 요청에 대한 답변)

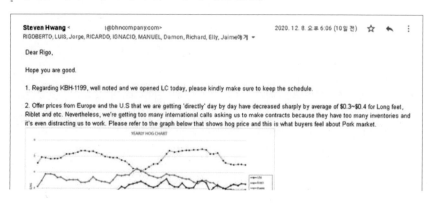

220

Overall, the hog price of all countries is continuously falling down. As the demand of China decreased, Brazilian's prices dropped and Spain's price is at its lowest.

3. Thanks for sacrificing and trying to give a realistic price considering Korean situation particularly, even though you have a gap with China. We agree with their influence but China is not the only country in the international market. Adding on, as far as we know each packer has its own international price standards for dealing with different countries so we hope you check the price given to Korea by other packers, not only saying Chinese price, then it might make the price closer to realistic price.

4. By the way, for volume, we're now making a contract for   containers in a month but due to delayed shipping and arrival, it seems it's same as taking   containers per month. We just mentioned this because it was complicated all of sudden after seeing the schedule sheet.

5. We didn't know what to say when we got raised price instead of lowering the price by comparing with other packers while the recent international price is falling drastically.

Hope you analyze again and adjust to the same as last price. Volume is just   containers and from that Long feet is   MT and Neck Bone is   MT so, the price difference is $6,400 and $1,500 each. However, we're expecting to get a $11,240 loss from freezing 6MT of KBH-139, which is more than our price difference. We want to accept your idea but it's hard for us due to the situation that we are facing. Please support us $7,900 by finishing at our last price.

Thank you and if you have anything to say, please call me anytime tomorrow.

비에이치앤컴퍼니 스티븐(Steven)과 케켄 리고(Rigo)의 '단가 협상'에 대한 이메일이다. 리고는 중국의 소비가 늘어났으므로 가격을 올려야 한다고 주장하지만, 스티븐은 말도 안되는 이야기 하지말라고 논리적으로 반박하고 있다.

- **상대방 마음 준비시키기**(Labeling): 생략했다.
- **사실 말하기**(Fact): 유럽의 장족, 갈비 오퍼가격이 지난달에 비해 $0.3~$0.4 정도 하락했으며, 재고가 많아 구매 요청이 증가하고 있고, 세계 돈육가격이 빠지는 추세임을 설명했다. 또한, '단락 구분' 뿐만 아니라 '넘버링'을 해서 중요성과 가독성을 표시하고자 했으며, 팩트로 이루어진 '그래프', '관련 숫자' 및 '각종 논리적 근거'들을 보여줌으로써 리고의 의견을 반박했다.
- **감정 말하기**(Feeling): 케켄의 '리고'가 비논리적으로 중국시장에

서의 수요가 증가하기 때문에 한국시장에 대한 가격을 올릴 수밖에 없다고 함에 기분이 상했었다. 그래서, 기분이 좋지 않다는 것을 간접적으로 표현했다('우리랑 거래하기 싫으니', '나는 너가 멍청한 제안을 했다고 생각해'처럼 노골적인 감정표현을 보이면 안됨).

- **의도 말하기(Intention):** '지난달과 동일한 가격으로 계약을 마무리하자' 라고 간략하고 명확하게 요구하였다.
- **상대 답변 듣기(Feedback):** '할말 있으면 언제든 전화해' 라고 간단하게 마무리했다(이메일 협상으로는 충분하지 않을 것으로 판단하여 전화통화 요청을 함). 추가하여, 유럽 수출상들로부터 구매요청 전화가 오고 있다는 비에이치앤컴퍼니의 배트나를 노골적이지 않게 노출했다.

> **▶ Practice 11**
>
> 이메일 협상 상황을 설정하고, 아이-메시지(I-Message), 단락 구분, 숫자 사용, 논리적 근거, 감정 등을 적용해 이메일을 작성하라.

 3 숫자협상(가격, 물량 등)

비즈니스 협상에서 '숫자'로 된 가격이나 물량을 제시하는 경우는 다반사다. 이때, 내가 먼저 가격을 제시하느냐, 아니면 상대가 먼저 제시하느냐에 따라 그 결과는 극과 극으로 달라질 수 있다. 그럼 언제, 어떤 경우에 가격이나 물량을 먼저 제시하고, 그 제시를 강하게 해야 되는지, 약하게 해야 되는지 알아 보자.

01 | 가격 제시는 누가 먼저 하는가?(Anchoring Effect)

본인이 가진 정보의 양이 상대방보다 많다고 느낄 경우, 가격을 먼저 제시한다

고등학교 시절 싸움을 잘하는 친구들을 흔히 짱, 통, 일진 등으로 불렀다. 당신을 짱이라고 가정하자. 당신에게 반에서 그다지 싸움을 잘하지 못하는 친구가 도전을 한다면, 당신은 선빵을 날려 제압하겠는가 아니면, 카운터펀치를 노리겠는가.

아마도, 도전자의 싸움 실력이 형편없다는 것에 대한 '**정보**'를 알고 있기 때문에, 당신은 힘의 우위를 과시하고자 망설임 없이 **선빵**을 날렸을 것이다. 그런데, 어느 날 한 학생이 전학을 와서, 자웅을 겨루자며 시비를 건다. 생김새와 몸이 흡사 추성훈 선수와 비슷하다. 이때 당신은 선빵을 날려 제압하겠는가 아니면, 카운터펀치를 노리겠는가. 당신이 현명하다면, 기존에 도전했던 친구에게 했던 것처럼 쉽사리 선빵을 날리기 쉽지 않을 것이다. 선빵을 날리기 보다는 추성훈 선수처럼 생긴 전학생이 주먹을 잘 쓰는지, 발을 잘 쓰는지, 레슬링 실력이 좋은지에 대한 '**정보**'가 없기 때문에, 싸움실력을 먼저 파악하고 **카운터펀치**를 노렸을 가능성이 크다.

배의 닻

©unplash

숫자 협상도 이와 같다. **본인이 가진 정보의 양이 상대방보다 많다고 느낄 경우, 가격을 먼저 제시(선빵)하고 협상을 적극적으로 주도하며,** 그 반대의 경우는 상대가 가격을 먼저 제시하기를 기다리고(카운터 펀치), 상대로부터 정보를 얻어 협상에 임한다. 이처럼, 당신이 협상에 있어 가격 제시를 먼저 하느냐, 혹은 기다리느냐를 결정하는데 있어, 가장 핵심이 되는 것이 바로 '정보의 양'이다. 여기서 **앵커링 효과** (Anchoring Effect)의 개념을 이야기 할 수 있는데, 앵커의 뜻은 '닻'으로, 앵커링 효과란 '배가 어느 한 지점에서 닻을 내렸을 때, 배가 떠밀려 내려가지 않고, 닻을 내린 지점에서 상하좌우로 움직이는 폭이 현저하게 줄어드는 것처럼, 인간의 사고가 초기에 제시된 기준 즉, '숫자'에 영향을 받아 판단을 내리는 현상을 말한다. 다시 말해, '초기 제시한 가격'(협상의 기준이 됨) 근처에서 협상이 진행되고, 최종가격 또한 그 부근에서 결정되는 가능성이 높다는 것이다.

예를 들어, 비에이치앤컴퍼니가 **정보의 양**이 많을 경우, 케켄과의 협상에서 '삼겹살을 3.8달러에 사겠다' 라고 먼저 제시하면, 앵커링효과에 의해 협상이 3.8달러의 근처인 '3.7달러에서 3.9달러 사이' 정도에서 진행되며, 특별한 변수가 없다면, 협상의 최종가격도 3.8달러 언저리에서 결정될 가능성이 높다는 것이다.

따라서, 당신이 가지고 있는 정보의 양이 많으면, 먼저 '가격을 제시(선빵)'하여 적극적이고 주도적인 협상을 이끌기 바라며, 반대로 당신이 상대방에 비해 정보의 양이 부족하다고 판단되면 상대의 '가격'을 먼저 듣고, 필요한 정보를 확보한 다음에 협상의 가이드 라인을 정해야 한다(카운터펀치).

02 | 첫 가격제시는 강하게?(Aim High)

논리적 근거가 충분한 경우 첫 가격 제시를 '강하게(Aim High or High Ball)' 한다
앞의 예시에서, 당신은 도전자의 싸움 실력이 형편없다는 것에 대한 '정보'를 알고 있었기에, 망설임 없이 선빵을 날리게 된다. 그럼, 당신이 선빵을 날릴 때, 한방에 끝내 버릴 것인가 아니면, 잽으로 툭툭 치면서 상대를 약 올릴 것인가. 대부분의 경우 **'짱인 당신에게 도전했다는 응징의 명백한 이유'**가 있기 때문에 강한 한방으로 마무리 하고 싶을 것이다.

숫자 협상도 이와 같다. 만약 당신이 가격을 높이거나, 내릴 수 있는 충분한 '논리적 근거'를 가지고 있다면, 목표를 높이 잡고(Aim High) 가격을 아주 높게 부르거나(판매자일 경우), 아주 낮게 부르자(구매자일 경우). 이처럼, 당신이 협상에서 가격 제시를 먼저 할 때, 강하게 하느냐, 약하게 하는냐를 결정하는데 가장 핵심이 되는 것이 '논리적 근거'이다.

따라서, 당신이 '정보의 양'이 많아 '가격 제시'를 먼저 하고(앵커링 효과), '논리적 근거'가 있어서 그 '가격 제시'를 '강하게' 할 경우(Aim High), 앵커링 효과에 의해 대부분의 협상은 당신이 처음 제시한 가격 근처에서 협상결과가 나타나며, 그 결과 당신의 이익은 극대화 될 수 있다.

그런데, 협상이 끝난 후, 당신이 극대의 이익을 취하지 않고, 윈-윈 협상 또는 향후 계속되는 비지니스를 위해 상대방에게 '협상이 종료된 가격'을 내리거나/높여줄 경우(최초 당신이 기대했던 가격으로), 협상

상대에게 당신이 그를 배려해 줬다는 인식을 심어 줄 수 있다.

예를 들어 보자. 비에이치앤컴퍼니는 삼겹살을 케켄으로부터 3.8달러에 구매하는 것이 목표다. 그런데, 비에이치앤컴퍼니는 삼겹살 시장에 대한 충분한 '정보'와 국제시세 4.0달러 보다 싸게 구매할 수 있다는 충분한 '논리적 근거'가 있다. 이 경우 비에이치앤컴퍼니가 '먼저 가격 제시(앵커링 효과)'를 하는데 있어, 그 가격은 원래의 구매 목표인 3.8 달러가 아니라, 그 보다 '훨씬 낮은 가격(Aim High)'인 3.4달러에 구매하겠다고 통보 할 수 있다. 그 후 협상을 통해 비에이치앤컴퍼니 의도대로 삼겹살 가격이 3.4달러로 확정 되었지만, 윈-윈 협상과 향후 계속되는 비지니스를 위해 오랜 비지니스 파트너인 케켄에게 **양보**하여, 첫 목표였던 3.8달러로 구매하겠다는 의사를 보이면, 케켄에게 비에이치앤컴퍼니가 배려했다는 **만족감**을 심어줄 수 있게 된다.

03 | 가격결정 노하우

다음의 그림을 통해 협상에서의 가격결정에 대해 살펴 보자. 보통 어떤 제품의 가격이 시장에서 3달러에서 4달러 사이에 분포 되어 있다고 가정하자. 이때 상호간 협상을 가능하게 하는 구간인 3달러에서 4달러 사이의 구간을 **배틀존(Battle Zone)**이라 부르며, 이는 이 구간 중 어느 구간 에서든 가격이 결정될 수 있음을 의미한다. 그러나, 실제 협장에서는 특별한 경우를 제외하고는, 협상이 상호 대등한 정보와 관계에서 진행되기 때문에 배틀존의 양 극단에 가까운 가격으로는 결정

되지 않는다. 그로 인해, 배틀존의 중간 부분인 어딘가(예를 들면 3.4 달러에서 3.7달러 사이)에서 대부분의 가격이 결정되는데 이를 조파 (ZOPA : Zone of Possible Agreement)라고 부른다. 그런데, 누군가 가 배틀존을 벗어나는 3달러 이하 또는 4달러 이상을 요구한다면, 이 는 상대방의 기분을 상하게 하는 구간으로 인설트존(Insult Zone)이 라 칭한다.

가격 존

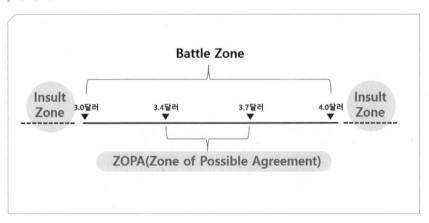

협상에 임하게 되면 어느 구간이 '인설트 존'인지는 본능적으로 알게 되며, 협상에 능한 상대일 경우 일부러 당신의 기분을 상하게 하기 위 해 인설트존에 있는 숫자(가격, 물량)를 부를지도 모르니 이 또한 대 비하도록 하자.

4 연봉협상

경력이 없는 사회초년생이 사회에 첫발을 내딛으면서 하는 연봉협상은, 실제로는 아쉽게도 '연봉통보'와 같다. 하지만, 경력을 쌓은 후, 이직을 할 때는 진짜 '연봉협상'의 기회가 온다. 연봉협상을 할 때는 '나는 프로야구 선수다'라는 마음가짐으로 임하기 바란다. 현재 프로야구의 간판 선수인 키움히어로즈의 '이정후' 선수의 아버지이자 '바람의 아들'이라고 불렸던 야구천재, 이종범 선수를 예를 들어 연봉협상을 설명해 보겠다.

ⓒshutterstock

첫째, 본인의 실적을 전부 수치화하자. 이종범 선수는 협상을 하기 전 타율, 도루, 홈런 등 기본 실적뿐만 아니라, 3루타, 2루타, 1루타, 볼넷 숫자 등 본인의 모든 기록 정리하고, 그 기록을 전부 수치화하여 연봉 협상 자료로 사용했을 것이다. 이처럼 당신도 모든 실적을 수치화한 후에 협상에 임하도록 하자. 이 경우, '영업'과 관련된 부서는 눈에 보이는 '매출', '수익' 등이 있으니 수치화하기가 쉽지만, 재무, 회계, 인사팀 등에서 일할 경우의 실적은 수치화하기 어렵다고 느낄 것이다. 이는 생각보다 간단하다. 본인이 만든 엑셀파일 개수, 미팅 참석 횟수, 노무상담 건수, 기획서 개수 등 각 팀의 특성에 맞게 업무를 객관적으로 수치화 하면 해결된다. '이 친구가 이것 저것 많이 했구나' 라는 인상을 심어줄 수 있을 정도면 충분하다.

둘째, 정보로 무장하자. 이종범 선수는 본인의 기록 정보 외에도, 국내 리그에서 뛰고 있는 다른 선수들의 연봉, 메이저리그에 진출한 선수들 연봉, 최근 계약한 선수 중 본인과 비슷한 수준의 선수 연봉뿐만 아니라, 구단의 자금사정에 대한 정보까지 가지고 있었을 것이다. 이처럼, 당신도 원활한 협상을 위해, 당신과 비슷한 연차가 받고 있는 업계 연봉, 이직한 친구들이 받는 연봉, 지원한 회사의 기준 연봉 수준 등 가능한 한 모든 정보를 수집하자.

셋째, 본인이 자신 있으면 먼저, 높게 불러라(Anchoring Effect, Aim High). 실력이 월등했고, 정보까지 많았던 이종범 선수는 구단에게 연봉을 맡기기 보다는, 먼저 연봉을 제시했을 것이고(Anchoring Effect), 한국의 모든 구단 뿐만 아니라, 외국 구단까지 탐낼 정도의 인기를 가진 그는, 연봉 제시를 높게 했을 것이다(Aim High). 그런데 이

때, 이종범 선수와 비슷한 성적을 냈던 선수가 연봉 5억에 계약했는데, 갑자기 20억을 제시했다면(Insult Zone), 구단에서 기분을 나빠하며 협상을 중지할 수 있으니 그 정도의 금액 제시는 하지 않았으리라 생각된다. 마찬가지다. 당신의 실적이 괜찮고, 당신이 수집한 정보에 미루어 보았을 때 승산이 있다고 생각하면, 당신의 연봉을 먼저 그리고 높이 제시하기 바란다. 하지만, 이때 비슷한 경력을 가진 사람들의 평균 연봉이 6,000만원이라 가정할 때, 자신 있다고 해서 터무니없이 1억 3천을 부르면 그 협상은 결렬된 가능성이 높으니, 인설트 존(Insult Zone)은 피하기 바란다.

넷째, **다양한 이슈**(복지, 휴가, 법인카드, 권한, 채용 등)를 준비하자. 이종범 선수는 연봉계약을 하면서 홈런 20개 이상 치면 얼마의 인센티브, 90경기 이상 출전 시 얼마의 인센티브, 도루 50개 이상은 또 다른 인센티브 지급 등 여러 가지 옵션계약 또한 추가 했었을 것이다. 그리고, '난 도루를 잘하니까, 도루 인센티브는 양보하지 말아야지,' '3루타는 치기 힘드니, 이 인센티브는 양보해야지' 등 협상에서 양보할 것과 양보할 수 없는 것을 구분했을 것이다. 여러분도 마찬가지다. 연봉협상을 잘하기 위해서는 '기본연봉' 이외의 복지, 휴가, 법인카드, 권한, 채용 등 다양한 이슈를 준비하고 협상하는 것이 중요하다. '보통 연차는 15일씩 받지만, 저는 18일부터 시작하게 해주세요.', '법인카드 보통 50만원씩 쓸 수 있는 걸로 알고 있는데, 저는 70만원 쓰게 해주세요.' 등 눈에 보이는 연봉 이외의 이슈를 준비하고, 그 중 본인이 양보할 것과 양보할 수 없는 것을 미리 정하고 협상에 임하면, 혹시라도

'기본 연봉협상'이 만족스럽지 못하더라도, 그 이외의 다양한 이슈에서 만족할 만한 성과를 가져올 수도 있게 된다.

다섯째, 배트나(BATNA)를 준비하자. 이종범 선수의 경우에는 타 구단 뿐만 아니라, 외국 구단 입단 제의라는 '확실한 배트나'가 있었을 것이다. 여러분의 경우도 '다른 회사에도 최종 합격을 했다'는 등의 배트나를 준비하고, 협상 중 가볍게 알리는 전략을 펼치기 바란다.

여섯째, 충분한 시간을 가지고 협상에 임하자. 이종범 선수는 구단과의 협상 중간에 협상을 끝내기 보다는, 협상 마지막날까지 협상을 질질 끌어 구단을 애태웠을 것이다. 당신도 연봉협상을 시작하게 되면 언제까지 확정해야 하는지 질문하고, 가능하면 그 시간까지 버텨보자. 왜냐하면, 그 기한까지 협상이 타결되지 않으면, 회사의 입장에서 또 다른 지원자를 찾기 위한 비용이 더 들게 되기 때문에 큰 차이가 없으면 당신의 요구를 수용할 가능성이 높아지기 때문이다.

일곱번째, 책 초반부부터 지금까지 나온 내용을 모두 활용하여 협상하자.

하지만, 본인이 실력이 있다고 해서 심하게 과도하게 요구하지는 말자. 아무리 성과가 뛰어난 직원도 너무 요구하면, 될 것도 안된다는 점 유념했으면 좋겠다. 더 받고 싶으면, 회사 다니지 말고 창업하기 바란다.

⑤ 여성으로서의 협상

01 | 협상의 관점에서 보는 여성의 특징

보통의 경우 여성은 남성보다 협상을 피하는 경향이 많기 때문에, 남성들과 비교해 연봉의 차이가 발생하고, 진급도 늦어지는 등의 불이익이 축적되어, 여성들이 상대적으로 빠른 퇴직을 선택하게 하는 하나의 이유가 된다. 또한, 이러한 상황은 조직에게 발생시키지 않아도 되는 '추가적인 비용'을 지불하게 한다.

1) 여자는 협상을 시도하지 않는다

일반적으로 나이, 교육수준, 업무 경험 등의 요소들을 배제하더라도, '남성이 여성보다 최소 2배에서 최대 9배 더 많은 협상을 한다'는 연구결과[16]가 있다. 협상을 더 많이 한다는 것은 조직내에서 본인의 목소리를 더 많이 내는 것이기 때문에, 조직내에서 기회가 더 많을 수밖에 없으며, 이에 따라 남성의 이익이 여성보다 훨씬 많을 수 밖에 없다는 것을 반증한다. 기본적인 연봉협상에서도 여성은 회사에서 제시한 첫 연봉을 수락하는 경우가 많고, 남성은 이에 불복하여 협상을 하는 경우가 많아 결과적으로 더 높은 연봉을 받게 된다. 단순한 연봉 수락과 거절의 차이가 아니라, 초기 연봉계약에서의 차이는 직장생활을 거듭

---

[16] 미셸 갤팬드(Michele Gelfand), 데보라 스몰(Deborah Small) 그리고 하이디 스테인(Heidi Stayn)의 연구

할수록 남성과 여성의 연봉차이를 더 크게 만들게 된다.

2) 불이익의 축적(The Accumulation of Disadvantage)

여성이 남성보다 협상을 피하고, 협상을 덜 하는 현상은, 여성에게 생
각보다 더 큰 불이익을 야기시킨다. 단순히, 연봉협상만 보더라도 협
상없이 연봉을 수락하는 여성은 남성과 비교했을 때 이미 수십만원,
수백만원, 수천만원을 손해보는 것이다. 여성들이 '받아들인 금액'과
그들이 '실제로 얻을 수 있었던 금액'의 '작은 차이'는, 전체 커리어에
서 큰 차이를 만들게 된다.

30살의 MBA 졸업생인 남성과 여성이 각각 연 5천만 원의 연봉을 제
안 받았고, 남성은 연봉협상을 통해서 6천만 원으로 연봉을 올렸으나,
여성은 협상 없이 5천만 원을 수락했다고 가정해보자. 두 사람 모두
그들의 남은 커리어에서 동일하게 3%의 임금 향상이 있다고 할지라
도, 그들이 은퇴할 나이인 65세가 되면 연봉 차이는 1천만 원이 아니
라 2천 8백만 원의 차이로 벌어져 있을 것이다. 이 뿐만이 아니라, 협
상을 한 남자는 35년이라는 직장생활동안 여성보다 매년 더 많은 돈
을 받게 될 것이고, '협상을 하는 성향' 때문에, 임금상승이나 승진 등
그의 커리어에서 추가적인 협상을 하며, 또 다른 경제적인 보상을 만
들어 낼 것임에 반해, 협상을 하지 않는 여성은 많은 경제적인 보상을
놓치게 될 것이다.

여성은 협상을 피함으로써 연봉 외의 다른 것들 또한 잃게 된다. 똑같

은 능력과 실력을 가진 남성과 여성이 비슷한 업무를 하게끔 채용되었다고 가정해보자. 남성은 입사 초기에 중요한 팀 프로젝트에 참여하고 싶다고 어필하고, 그 팀에 속함으로써 조직 내에 이름이 알려지게 되고, 가치 있는 리더십 경험을 쌓게 되며, 새로운 능력을 개발하게 된다. 그리고, 다음 번 그의 상사는 중요한 프로젝트에 사람이 필요하게 될 때, 이미 프로젝트에 참여한 경험이 있는 남성을 자연스럽게 처음으로 떠올리게 될 것이다. 이런 일들이 반복되면, 남성과 여성의 업무 능력과는 별개로 남성이 조직내에서 승진하거나 좋은 기회를 얻을 수 있는 기회가 훨씬 더 많아지게 될 것이다.

3) 조직에 부과되는 비용(The Costs to Organizations)

공평함에 대해서는 잠시 접어두고, 만약 직장에서 '어필하는 남자 직원'에게만 중요한 프로젝트에 참여할 수 있는 기회를 주거나, 승진의 기회를 준다면 결국 그 조직은 뛰어난 능력을 가지고 있는 여성이 회사에 더 기여할 수 있는 부분을 활용하지 못하게 되는 비용이 발생한다. 왜냐하면, 남성들은 여성들보다 더 많은 기회를 찾는 편이고 대부분의 여성동료에 비해 더 빠른 임금인상을 가져오게 되며, 결과적으로는 조직내에서 여성들보다 높은 보직을 맡게 되기 때문이다. 또한, 그들 중 몇 명은 여성들보다 능력 면에서 자격을 덜 갖춘 사람들이 분명 있을 것이다. 이에 따라 본인의 능력이 정당하게 평가되지 않다고 느끼는 여성들은 퇴직을 하기로 결정할 가능성이 높아지고, 만약 퇴직을 하게 되면 채용비용, 신규인력 교육비용 등의 불필요한 지출을 조직에게 야기시키게 된다.

02 │ 왜 여성은 협상 시도를 하지 않는가?

여성 직원들은 대체로 무언가 요구하기보다는, 상사가 지시하는 내용을 그대로 따라가는 성향이 남성 직원들보다 크다고 한다. 왜, 대부분의 여성들은 이런 성향을 보이는 걸까. 크게 여성들의 성장배경에 근거한 '왕관 증후군(Tiara Syndrome)'과 반발에 대한 두려움에 대한 반발기제인 '가면 증후군(Imposter Syndrome)' 두 가지로 설명할 수 있다.

1) 성장 배경과 왕관증후군

초, 중, 고등학교 거치면서 우리는 타인과의 관계 맺음에 있어 개인의 이익보다는 다른 사람들을 배려하는 희생이 필수라고 배운다. 특히, 여성에게는 그 기준이 더 엄격하게 적용되었던 것이 사실이다. 불과 몇 십년 전만 해도 여성들은 집안의 오빠나 남동생을 대학에 보내야 한다는 이유로 대학에 합격하더라도 입학을 포기하는 것이 그리 놀라운 일은 아니었다.

더불어, 여자아이들은 어렸을 때부터 어린 동생을 돌보고, 주방에서 엄마를 도와야 하며, 인형 놀이를 해야 한다는 것이 강조되는 반면에, 남자아이들은 태권도를 배우고, 축구를 하며 자라기에 여성과 남성은 '완전히' 다른 어린시절을 보내게 된다. 이런 초기단계의 사회화는 성격이나 자아형성에 큰 영향을 미쳐, 여성들은 '본인의 요구사항과 필요'에 대해서는 덜 생각하게 되고, '타인의 요구에 집중'하게 되는 상황으로 발전하게 된다. 또한, 여성의 이러한 성장 배경은 협상을 다른 사람과의 '분쟁'이라고 느끼게 하며, 인간관계에 나쁜 영향을 미칠 것이라는 걱정을 하게 만들었다.

이런 불안감이 직장생활에서 협상이 '직업적 기쁨'과 '본인의 지위를 높일 수 있는 기회'라는 것을 알아차리는 것을 방해하고, 심지어 그녀들이 기회임을 알고, 무언가를 얻어내야 할 때임을 알고서도, 말하는 것을 포기하게 만든다.

왕관증후군

©shutterstock

여성에게 '나를 희생하고, 자신보다는 타인의 요구에 집중하게 됨'이 반복됨으로서 생기는 방어기제는 **왕관증후군**(Tiara Syndrome)으로 나타나게 되는 경우가 많다. '왕관 증후군'은 직무를 충실히 제대로 수행하고 있으면 누군가가 알아보고, 자기 머리에 왕관을 씌워줄 것이라고 기대하는 사람의 심리를 말한다. 여성들은 무의식적으로 본인이 한 만큼은 무조건 돌아온다는 생각을 가지고 있어, 본인이 좋은 업무성과를 내고 보상을 받지 않더라도 언젠가는 당연히 보상을 받을 것이라 믿기 때문에 그 보상을 받는 기간이 길어지고 가끔은 받지 못하더라도 상관이나 담당자에게 *"저는 이 성과에 대한 보상은 언제 받을까요?"* 라고 질문하거나 *"이번에 제 성과는 보상을 받기에 충분하다고 생각합니다."* 라고 자기주장을 하지 않게 되는 것이다.

그러나, 우리가 낸 업무성과를 어필하지 않으면 다른 사람이 알아주는 경우는 생각보다 많지 않다. 따라서, 여성의 경우 자신이 열심히 일하는 것을 다른 사람들이 인정해 주지 않을 경우에는 '본인 스스로' 자신을 위해 발 벗고 뛰는 적극적인 액션을 취하는 것이 중요하다.

2) 반발에 대한 두려움(The Fear of a Backlash)과 가면증후군(Imposter Syndrome)

여성들은 직장에서 협상에 참여하고, 자신의 요구를 위해 논리적이고 단호한 목소리를 내면 '공격적이다' 혹은 '나서는 것을 좋아한다'는 부정적인 평을 받게 되고, 이러한 상황이 지속되면 다른 직원들(남성, 여성 모두)로부터 반감(반발)을 사거나, 무리에서 배척당해 제대로 된 직장생활을 못 할 가능성이 높아진다고 생각하는 경향이 있다. 이는 다른 사람이 자신을 좋아하지 않을 것이라는 두려움, 부정적 시선을 받게 되리라는 두려움, 비판의 대상이 될 것이라는 두려움 등으로 나타나며, 이러한 두려움 때문에 여성들이 협상에 쉽사리 나서지 못하게 된다.

이는 유능한 여성임에도 불구하고, 스스로를 똑똑하지 않다고 여기거나, 자격을 갖추지 않았다고 생각하거나, 준비가 부족하다고 느끼고, 사람들이 자신을 과대평가한다고 생각하는 **가면증후군**(Imposter Syndrome)으로 설명된다. 가면증후군은 자신의 노력과 능력을 믿지 못하고, 스스로 부족하다고 자신을 괴롭히는 증상으로, 타인의 높은 기대 속에서 실패의 두려움을 가지고 있는 사람들이 최악의 상황이 발생할 때 충격을 사전에 완화하려는 '방어기제'의 일환으로 사용된다.

가면증후군

©shutterstock

03 │ 여성이 협상을 잘하기 위해서는 조직이 도와야 한다.

이런 이유들 때문에 회사나 조직의 전폭적인 지원 없이는, 여성들이 협상에서 성과를 내기가 쉽지 않다. 여성이 협상과 업무에서 좋은 성과를 내게 하기 위해, 상사나 혹은 조직이 어떻게 도울 수 있는지 보자.

첫째, 상사는 남성/여성 편견을 버리고 누가 적임자인지 먼저 생각해야 한다. 일정 기간을 정해 놓고 남성, 여성직원들에게 어떤 업무를 어떻게 분배했는지 파악해보면, 자신도 알지 못하는 사이에 남성 직원들에게 중요하고 성과가 두드러지는 업무를 더 많이 분배했을 확률이 높다. 남성들이 업무에 대한 욕심을 드러내기 때문에 일을 잘할 것이다라는 편견과, 여성들은 업무에 대한 욕심을 드러내지 않기 때문에 일을 못할 것이라는 편견을 버리고, 업무를 맡기기 전 누가 그 업무에 정말로 적합한 후보자인지 객관적으로 생각해보는 것을 추천한다.

둘째, 조직 내에서 **멘토링 프로그램**을 실시 해야 한다. 믿음직한 관리자의 멘토링을 통해 여성인력의 잠재력을 높일 수 있다. 멘토링을 통해 관심 있는 프로젝트에 자원할 수 있도록 돕고, 승진이나 연봉인상 등의 직업적인 목표를 위해 보다 활동적이고 적극적으로 임할 수 있도록 지도한다면 여성인력들도 자신의 커리어를 새로운 시각으로 보고 변화할 수 있는 기회를 얻을 것이다.

셋째, 여성도 잘 할 수 있다는 인식을 심어주어야 한다. 조직의 정책이

교묘하게 여성을 차별하고, 진급에서 제외시킬 수 있으니, 먼저 조직 문화에 이런 차별은 있는지 없는지를 검토해보아야 한다. 이러한 차별을 제거하고, '공평한 성 관례'만 제정하여도, 여성인력이 보다 주인의식을 가지고 눈치보지 않고 본인들의 역량을 맘껏 펼칠 수 있다는 인식을 심어 줄 수 있게 된다.

04 | 여성 협상가가 되자

▎여성협상

©unplash

힘있는 '여성 협상가'가 되기 위한 네 가지 방법은 아래와 같다.

첫째, 협상기술을 배워야 한다. 여성들이 협상에 대한 마음가짐을 변화시키고, 상사와 조직들의 도움을 받는 것만으로는 협상을 잘할 수는 없다. 협상에 대한 공부를 하고, 협상 기술을 익히고, 준비하고, 또 준비하여야만 실제 협상에서 성과를 낼 수 있음을 명심하자.

둘째, 호감을 사기 위해 노력해야 한다. 미소만 짓고 다른 사람의 얘기를 듣고만 있으라는 것이 아니고, 주변 사람들과 적극적으로 의사소통하고, 본인을 어필하도록 노력하라는 것이다. 상대방과 의사 소통할 때 상대방의 아이디어에 감사함을 표현하고, 긍정적인 용어의 코멘트를 사용하는 것만으로 충분하다. 예를 들면, *"나는 일이 너무 많아 지쳤어."* 보다는 *"나는 다음 프로젝트를 시작할 준비가 다 됐어."* 라는 긍정적인 멘트면 호감을 사기 충분하다.

셋째, 자신과 조직의 목표를 연결시켜야 하며, 본인의 기술과 전략이 아니라, 조직 전체의 공동 기술이며 전략으로 협상하고 있음을 강조해야 한다. '많은 여성들이 협상 하는 것을 꺼려하지만, 막상 그 틀을 깨고 협상을 하는 여성들은 성공할 가능성이 높다'라는 연구결과[17]가 많다. 그럼 협상에 참여하는 여성들은 어떻게 조직의 반발 없이 협상에 참여하고 성공적인 협상을 할 수 있을까. 의외로 간단하다. 회사의 목표가 '이익 창출'이면, 자신의 목표도 '이익 창출'인 것이고(실제로는 승진 일지라도), 회사의 목표가 '기술 확보'라면, 자신의 목표도 '기술 확보'가 되면 된다. 또한, 당신이 개인적으로 대학 때 배운 전문지식과 외국어능력으로 협상한 것이 아니라, '**조직에서 배운**' 전문지식과 경험으로 만든 전략'으로 협상에 임했다고 강조하면 '**반발**'을 피할 수 있게 된다.

---

[17] 데보라 콜브(Deborah Kolb)와 질 키컬(Jill Kickul) 교수가 2005년부터 470명의 여성들을 대상으로 한 조사

넷째, 객관적 지표를 사용해야 한다. 협상을 준비함에 있어, 눈에 보이지 않은 협상 기술 뿐만 아니라, 상대방이 무시하기 어려운 다양하고 폭넓은 데이터를 기반으로 한 '객관적 지표'를 준비하여 신뢰성을 높이고 상대방이 억지를 부리지 않도록 미리 방지해보자.

실력 있고, 똑똑한 여성들이여 깨어나자. 그대들을 협상테이블에서 만나 보기를 진심으로 희망한다.

협상에 관한 책이 넘쳐난다. 그 중 대부분의 책들은 대한민국 실정에 맞지 않는 번역서이거나, 책과 인터넷으로 협상을 배운 강연 전문가들이 쓴 책들이다. 하지만, 실제 제대로 된 협상을 해보지 않은 사람은 와튼을 나왔건, 하버드를 나왔건, 책을 쓸 자격도, 강연을 할 자격도 없다.

협상에 관한 두 번째 책이다. 첫 번째 책을 '타의'에 의해서 발간 했다면, 두 번째 책은 순전히 '자의'에 의해서 쓰여진 책이다. 그 만큼 애정을 많이 쏟았으며, 쉽고, 재미있고, 쓸모 있게 만들기 위해 노력했으니, 책을 구매하셨다면 '딱' 세 번만 읽어 보자. 처음에는 대략적인 내용을 숙지하는 것을 목표로 '대충' 읽고, 두 번째는 집중해서 '정확히' 읽어 문장의 의미를 곱씹어 보고, 마지막 세 번째는 본인의 생각을 더하여 '비판하며' 읽어 보자. 협상에 자신감이 생기며, 협상 테이블에 앉고 싶어 몸이 근질거리는 자신을 발견하게 될지도 모른다.

역사에서 기억하는 이순신 장군은 성웅이요, 왜적을 물리친 명장이다. 하지만, 필자는 다른 관점에서 이순신 장군을 바라보고자 한다. 달랑 '열 두척'의 배 밖에 없었지만, 부하들을 설득해 전장으로 이끌었고, 대승을 거두었다. 그 설득력이 바로 협상력이고, 그렇기 때문에 우리 역사를 통틀어 가장 '최고의 협상가'가 이순신 장군이라고 생각한다. 살면서 부딪히게 되는 많은 협상 상황에서, 이 책의 내용 중 단 몇 개

만이라도 기억하고 적용하여, 모두들 광화문 광장에 우뚝 서있는
이순신 장군처럼 '대단한 협상가'가 되기 바란다.

감사하다는 말을 잊고 산지 오래다.
지면을 통해서라도 감사함을 표현하고 싶다.

언제나 마음속에 있지만 사랑한다고 표현하지 못했던 가족들
사랑스러운 첫 조카 재아
항상 묵묵히 옆을 지켜주고 있는 형곤, 은주
힘들 때 외로울 때 곁에 있어주는 오랜 벗 민형이와 만규형
밤낮, 주말 가리지 않고 일해 몸 상해가면서도 퇴고 도와준 대권
퇴고 거의 도와주지 않은 성훈, 재미, 해나, 혜연
무슨 일이든 잘 도와주지 않고 있는 이태희 교수님, 진원, 동한, 효진

무엇보다도 짜증 한 번 없이 묵묵히 도와 준 회사 동료이자 제자인
스티븐 황, 깁스 푼지 얼마 안 된 최고의 에디터 보라.

모두 감사합니다.

너는 흥정해라,
나는 협상 한다

발 행 일	2021년 02월 19일 (초판 1쇄)
	2021년 03월 10일 (초판 2쇄)
	2022년 11월 22일 (초판 3쇄)
전 자 책 발 행 일	2021년 04월 05일
저 자	배 헌
감 수	황정명
에 디 터	김보라
발 행 인	배 헌
발 행 처	더와이파트너스(주)
등 록 번 호	제2017-000021호
주 소	경기도 고양시 일산동구 백마로 195, SK엠시티타워 섹션동 10층 10004호
전 화	031-819-7392
팩 스	031-819-7390
홈페이지	www.theypartners.co.kr
이 메 일	bora.kim@theypartners.co.kr
디 자 인	함혜윤 디자이너
가 격	15,000원